U0586758

藏书

珍藏版

二十四史

精编

赵文博 主编

柒

辽海出版社

目　录

辽　史

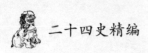

金　史

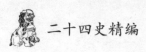二十四史精编

4

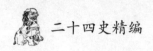
元　史

辽

史

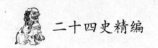

《辽史》概论

《辽史》一百一十六卷，元朝脱脱奉敕修撰。其中包括本纪三十卷，志三十二卷，表八卷，列传四十五卷，另附国语解一卷。它是研究辽代历史的最基本也是最重要的史料。

一

辽朝是契丹族十世纪初到十二世纪初在中国东北建立的王朝，它在我国历史的发展过程中占有重要的地位。契丹族从四、五世纪出现在历史舞台上就受到汉族先进文明的影响和薰陶，显露汉化趋势。在长期与汉族的交往中，逐渐接受了汉文化。据史籍记载，辽王朝的建立者耶律阿保机从不自外于中国，重用汉族知识分子，不失时机地发展契丹政治、经济和文化事业。在学习和接受汉族文明的过程中，辽朝统治者也曾效法前代中原汉族王朝，设置修史机构，指定专人修史，以《起居注》、《日历》、《实录》的形式记载辽朝统治者的言行和辽朝的重大事件。辽兴宗时的萧韩家奴、耶律良和辽道宗时的不撒、忽突董都曾担任修撰起居注的工作。辽代先后进行了四次较大规模纂修进呈《实录》的工作。第一次纂修在圣宗统和九年（991），枢密使、监修国史室昉与翰林学士邢抱朴承旨同修《统和实录》二十卷。第二次纂修在兴宗重熙十三年（1044），前南院大王耶律谷欲、翰林都牙耶律庶成、翰林都牙兼修国史萧韩家奴编辑自遥辇可汗以来到重熙年间的事迹，成《先朝事迹》二十卷。第三次是道宗大安元年（1085），史臣进呈太祖以下七帝实录。第四次是天祚帝乾统三年（1103），监修国史耶律俨纂修太祖诸帝实录共七十卷。

元朝建立后，不断有人向统治者建议修辽、金、宋三史。中统二年（1261）七月，翰林学士承旨王鹗向元世祖忽必烈建议修辽、金二史，并推荐辽皇族后代左丞相耶律铸和汉族文臣平章政事王文统监修辽、金史。当时戎马倥偬，忽必烈心有余而力不足。三年之后，王鹗再次提出设局纂修本朝实录，并附修辽金二史。忽必烈接受了这一建议，并部分付诸实行，但仍然没有结果。元朝灭亡南宋后，在半个多世纪里又曾三次下诏修纂宋史、辽史、金史。但因正统问题争论不休，迟迟未能进行。直到元朝最后一个皇帝顺帝至正三年（1343），才正式开局纂修。中书右丞相脱脱为都总裁，总裁官有欧阳玄、张起岩、吕思诚、揭傒斯等。脱脱确定三史各为正统，各系其年号，使这一争论很久的问题得到了解决。至正四年（1344）三月，《辽史》完成，是三史中最先成书的一部，前后费时不到一年，由廉惠山海牙、王沂、徐昺、陈绎曾四人分撰。

脱脱作为丞相，实行重用儒臣的开明政策，为三史修纂创造了良好的外部环境，尤其是他确立的编纂义例和方针对顺利修纂三史起了决定性的作用。金朝编修辽史时，曾就金朝继承哪一朝帝统问题，是继唐，还是继辽、宋，引起过几次论争，问题没有解决。元朝是继哪朝帝统更为复杂。有人认为宋为正统，辽、金为割据。有人认为，辽自唐末占据北方，与五代、北宋相次而终，当为北史；宋继周统，至靖康之变，当为宋史；金破辽灭宋，据有中原，当为北史；建炎以后则当为南宋史。在争论不决、阻碍修史的情况下，脱脱断然决定三史各为正统、各系其年号，平息了这场旷日持久的争论。脱脱为组织史官、提供经费也作出了很大的贡献。

《辽史》的编撰，大体上是由史官撰成初稿，然后进呈总裁，由总裁笔削裁定。因而总裁在修纂《辽史》中有着重要作用。欧阳玄、揭傒斯、张起岩都是元代的著名学者，熟悉历史典故，精通儒学经典。欧阳玄订立三史凡例，作为撰写初稿者的写作依据，不公正处亲笔改定，并且亲笔撰写三史中的论、赞、表、奏、揭傒斯强调修史以用人为本，重视史法和史意，在三史编纂中，毅然以笔削自任。政事得失、人才贤否必定求得公正。张起岩对初稿中立言未当之处，总是据理改定。吕思诚除参加《辽史》等三史的编修外，还总裁后妃、功臣传，荟萃《六条政类》。铁木儿塔识、贺惟一（后改名太平）两位总裁在《辽史》修纂中也起过重要作用。

二

《辽史》所以能在不到一年的时间里修撰成功，除了有一个较为完善的写作班子外，更主要的是利用了辽代耶律俨编纂的国史和金代陈大任编纂但未最后完成的

《辽史》。其中耶律俨的著作《辽实录》是后来金修《辽史》的基础，是元修《辽史》引证最多的著作之一。陈大任的《辽史》也是元修《辽史》的重要依据。

除了上述两书外，元修《辽史》还大量采用了南宋人叶隆礼的《契丹国志》。这本书不同于耶律俨的《辽实录》和陈大任的《辽史》依据实录撰成，而是宋朝方面当时所存有关契丹材料的总汇。元修《辽史》天祚帝纪及其相关传多采自《契丹国志》。元修《辽史》利用过的其他史料，有《资治通鉴》、前朝各史《契丹传》、辽朝修的《辽朝杂礼》、宋人王曾的《上契丹事》、刁约的《使辽诗》等，还有高丽的著作《大辽事迹》、《大辽古今录》等。值得指出的是由于耶律俨《实录》和陈大任《辽史》早已失传，这两部著作中的许多原始资料赖《辽史》一书得以保存，因而元修《辽史》作为现存唯一的一部比较系统、完整地记载辽朝历史的史籍，自然有着不可低估的史料价值和历史地位。

此外，《辽史》不仅有纪传，还立有不少志、表，这些志、表有的是其他正史中所没有的。如《营卫志》就是《辽史》所独有，其中保存了契丹早期的宫帐《斡鲁朵》、捺钵（行营）及部族的组织与历史等重要史料。有些志的内容安排也很有特色。如《仪卫志》中舆服内容分为"国舆"和"汉舆","国服"与"汉服",仪仗分为"国仗"、"渤海仗"、"汉仗"等,不但记述契丹早期的车舆、服饰和仪仗等制度,同时对后来采用汉制辇舆和服饰、仪仗的时间、规格、形制等方面都有所论述。《礼志》分载契丹族与汉族礼仪;《百官志》分纪北、南面官制,在内容上也都有自己的特色,是研究辽朝历史的重要资料。在天祚帝纪后面,还附有耶律大石的西征及西辽建国的材料,这是汉文资料关于西辽的珍贵文献,是学界研究古辽史的重要资料。《辽史》中的表立得很多,有世表、部族表、属国表、皇子表、公主表、皇族表、外戚表、游幸表等,篇幅约占全书的六分之一。

　　《辽史》以实录为凭,记事大体上无所粉饰,尤其是在记述宋、辽关系时,拿《辽史》与《宋史》互相参照,往往有利于弄清《宋史》所讳史实的真相,就是说《辽史》的记载往往更接近历史真实。

　　由于参考资料有限,加之成书时间仓促,《辽史》有许多不足之处,几百年来一直受到研究者的指责和批评。首先是其记事过于简略,以至出现史实错误或漏载了许多修史所必不可少的重要内容。立国建号是非常重

要的历史事件，辽自建国以后，曾多次改变国号，先称
契，后称大辽，后又称大契丹，尔后复称大辽。如此重
要的史实，《辽史》却失于记载，不能不说是一个极大
的疏漏。辽立国时间很长，元修《辽史》共一百一十
六卷，从卷数看为《宋史》的五分之一强，但每卷的
分量很少，全书只有四十七万字，仅相当于《宋史》
的十分之一。在如此有限的篇幅中，内容重复的地方也
很多，这样也就难免不出现叙事的疏漏。其次是《辽
史》各部分内容互相矛盾。如耶律余睹立晋王事，《天
祚纪》及《萧奉先传》、《耶律余睹传》以为是萧奉先
诬陷，《晋王传》、《皇子表》则以为是事实。《兵卫
志》载永昌宫正户一万四千，而《营卫志》则裁永昌
宫正户八千，二者当有一误。书中还有一人两传的情
况。《辽史》中契丹人的姓名是用汉字书写的契丹语
音，由于所用汉字极不统一，且名、字杂见，出现混乱
现象。第三是错误百出。元修《辽史》过于草率，错
误之处比比皆是，有纪年错误，有史实错误，有的错误
是沿袭所据资料而失于考证造成的，有的则是编修者妄
改的结果。

　　《辽史》尽管有上述种种不足之处，但辽、金两朝
所修辽史均已失传，辽代其他文献保存下来的也很少，

因此，它成了现存最早最完整的一部辽代史书，是后人研究辽代历史的最基本的史籍。

《辽史》在元代只印了一百部，此印本今已失传。元末明初另有翻刻本。明初修《永乐大典》所引《辽史》很可能是元至正五年的最初刻本。明代有南监本、北监本。清代有乾隆殿本、四库本、道光殿本。本世纪三十年代商务印书馆用几种元末明初的翻刻本残本拼成百衲本。1974 年，中华书局以百衲本为基础，采用各种版本进行参校，改错补漏，刊出新标点本，是目前最好的版本。

三

《辽史》全书按纪、志、表、传编排，是一部按传统方法纂修的纪传体史书。本纪和列传是全书的主要内容。本纪是从开国皇帝太祖耶律阿保机到天皇帝耶律延禧，共九帝，计三十卷，《辽史》本纪所占的比重，超过了金、宋二史。《辽史》本纪以内容的多少来安排卷数，太祖本纪二卷，太宗本纪二卷，世宗本纪一卷，穆宗本纪二卷，景宗本纪二卷，圣宗本纪八卷，兴宗本纪三卷，道宗本纪六卷，天祚皇帝本纪四卷。《辽史》本记述了辽朝九帝的历史事迹和整个朝代重大事件，在《辽史》中占有首要地位。

辽太祖耶律阿保机，在位二十年，于十世纪初统一契丹八部，控制邻近女真、室韦等族。任用汉人韩延徽等，改革习俗，建筑城郭，创造契丹文字，发展农业和商业，推进契丹族封建化进程。公元916年称帝，建年号。攻取营平等州，又于公元926年攻灭渤海。阿保机称帝后，积极加强政权建设，巩固统一国家。他仿照汉制，立长子耶律倍为皇太子，确立了世袭皇权，初步奠定了因俗而治的南面官、北面官制度。又建立军队、制定法律，使国家政权初具规模。在经济上，他开拓经济领域，使契丹向农牧经济和定居生活转变。他还注意发展文化事业，缩短契丹与中原的距离，要求契丹贵族学习汉族文字和文化，对儒学、佛教、道教采取兼收并蓄的态度，随着汉化的加深，契丹统治下的各族人民与中原汉族人民更加接近。他在位时十分重视人才，尤其是汉族知识分子，康默记、韩延徽、韩知古等都受到重用，有力促进了这一时期的民族融合。这就是辽太祖本纪提供给我们的印象。

辽太宗耶律德光是辽朝的第二代皇帝，在位时间长达二十年。统治期间奖励耕织，继续强化政权建设。

936 年，他借后唐叛将石敬瑭求援之机，立石敬瑭为晋帝，取得燕云十六州。后来宋朝为了收复这大片失地，与辽朝多次发生战争，对双方社会发展都产生了重大影响。辽朝经过长期的扩张，领土不断扩大，东至大海，西至金山，北至胪朐河，南至白沟，幅员万里。这时辽政权已走上封建化道路，境内人民，大致可以分为以农业为主的汉人和渤海人以及以畜牧业为主的契丹、奚族人民。为了适应这些不同的民族和不同的生产方式，辽太宗取得燕云十六州后，在中央设置南面官和北面官的双轨统治机构。南面官仿照汉制统治汉人及渤海人，杂用汉族地主知识分子和契丹贵族；北面官以辽朝旧制统治契丹族和其他少数民族的人民，任用契丹贵族。辽太宗统治的末年，南下灭亡了后晋。《辽太宗本纪》叙述了这段在契丹发展史占有重要地位的历史。

《辽史》本纪是全书的提纲，比较完整和系统地记载了辽朝二百多年的发展脉络。在太祖本纪中叙述了契丹族的兴起，他的祖父匀德实开始教民种耕，发展畜牧业，他的父亲撒剌的开始铁冶，教民铸造，始兴板筑，设置城邑，教民种植桑麻，学习织编技术。经过太祖、太宗时的封建化过程，辽朝国力不断强盛，与许多民族、国家、地区建立了经济的和文化的联系。本纪中篇

二十四史精编

幅最长的是圣宗本纪，突出地反映了辽宋之间多年的征战与讲和，如对澶渊之盟等重大事件都有较详的记载。天祚帝纪记叙了辽朝被金灭亡过程，还简叙了耶律大石率族众西征，在中亚建立西辽的始末。通过本纪集中反映了辽朝由弱到强、由盛转衰的历史过程。

列传和本纪构成了辽史的纵横面貌。列传成为本纪的重要补充。有些内容虽属简略，但可补充本纪的不足。《辽史》列传的原则和体例鲜明，分后妃、宗室、外戚、群臣等类型入传，人臣有大功者，虽父子分别列传。其余以类相从，或数人共一传，为国捐身者都可立传，不须避忌。《辽史》列传相对来说显得单薄，四十五卷中除上述后妃、宗室、外戚、勋臣之外，还有文学列传二卷，能吏列传一卷，卓行列传一卷，列女列传一卷，方技列传一卷，伶官宦官列传一卷，奸臣列传二卷，逆臣列传三卷，二国外记一卷。

契丹族建立的辽朝在太祖耶律阿保机和太宗耶律德光统治时期，强化皇权统治，不断向南掳掠，得到燕云十六州地面后，进一步采取因俗而治的政治制度，"以国制治契丹，以汉制待汉人"，发展契丹民族的经济和文化，辽朝在逐渐脱离野蛮，向封建文明迈进。但是继立的世宗和穆宗没能在此基础上积极进取，辽朝统治开始出现衰落的景象，统治阶级内部矛盾日益加深，社会矛盾也不断恶化，统治危机已经形成。扭转这种不利的被动局面，继续推进契丹封建化进程，不仅需要一个相对统一和安定的政治环境和社会局面，更需要一位锐意改革和强有力的执政集团。承天皇太后（萧太后）和辽圣宗以及耶律隆运（韩德让）、耶律斜轸、室昉等人就是适应这种形势需要出现的杰出历史人物。萧太后是景宗的皇后，景宗死后，她在耶律斜轸和耶律隆运等人的参决下，立其长子耶律隆绪继皇帝位。在统治仍不很稳定的情况下，萧太后紧紧依靠耶律斜轸、耶律隆运等蕃汉大臣，在政治、经济、军事等方面实行了一系列旨在加强和巩固辽朝统治的改革措施，迅速改变了政局不稳的局面，开创了辽朝统治的全盛时代，对契丹的历史发展产生了深远的影响。阅读上述各人传纪，对了解圣宗统治的近半个世纪的辉煌历史必将有极大的帮助。

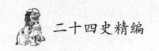

政　略

君臣论军国之务

九月壬寅，次赤山①，宴从臣，问军国要务，对曰："军国之务，爱民为本。民富则兵足，兵足则国强。"上以为然。

（《辽史·太宗本纪》）

【注释】

①赤山：山名，在今辽宁省境内。

【译文】

辽太宗会同八年九月壬寅之日，太宗率兵驻扎在赤山，宴请随行大臣，并问他们什么是治理军国的根本。大臣回答说："治军治国的事务中，爱民是根本。人民富裕了，兵力就充足，兵力充足则国家富强。"辽太宗认为说得对。

罗衣轻巧谏兴宗

上①与太弟重元狎昵，宴酣，许以千秋万岁后传位。重元喜甚，骄纵不法。又因双陆②，赌以居民城邑，帝屡不竞③，前后已偿数城。重元既恃梁孝王④之宠，又多郑叔段⑤之过，朝臣无敢言者，道路以目。一日复博，罗衣轻⑥指其局曰："双陆休痴，和你都输去也。"帝始悟，不复戏。

（《辽史·罗衣轻传》）

【注释】

①上：此指辽兴宗耶律宗真。②双陆：古代的一种掷骰行棋的赌博游戏，又称双六。③竞：犹言"胜"也。④梁孝王：即西汉文帝之子刘武，初封代王、淮阳王，后为梁王，在七国叛乱中，拒吴楚有功，深得文帝及窦太后宠幸。⑤郑叔段：春秋时郑国武公之子，郑庄公之弟。为了争夺君位，郑叔段曾在母亲武姜的唆使下阴谋发动叛乱，后被郑庄公镇压。⑥罗衣轻：人名，辽伶官，为人滑稽通变。

【译文】

辽兴宗与弟弟耶律重元的关系曾经很亲密。一次，喝酒喝

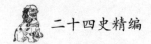

得正来劲时，兴宗许愿说自己死后要把皇位传给耶律重元。耶律重元很高兴，便骄横放肆，无法无天。兴宗又与耶律重元玩双陆，把居民城镇作赌注。兴宗每赌必输，前后已赔进了几个城镇。耶律重元凭着像西汉梁孝王那样所受的宠信，又有很多像春秋时郑叔段那样的罪过，朝中的大臣们都不敢讲真话，只能在道路上以目相视表示愤慨。一天，兴宗又赌博，罗衣轻指着双陆棋盘说："双陆，你再别犯痴了，赌博连你自己都快输掉了！"兴宗有所醒悟，就不再玩双陆博戏了。

穆宗诏令求谏

十二月丁巳，诏大臣曰："有罪者，法当刑。朕或肆怒，滥及无辜，卿等切谏，无或面从。"辛巳，还上京①。

（《辽史·穆宗本纪》）

【注释】

①上京：地名，在今内蒙古昭乌达盟巴林左旗。

【译文】

辽穆宗应历七年十二月丁巳日，辽穆宗诏令大臣们说："犯有罪行的人，应该按照法律判刑。我有时随意动怒，对无

罪的人滥施刑法，你们应该对我直言规劝，不要当着我的面附和我。"辛巳日，回到了上京。

辽太祖即位记

太祖为于越^①，秉国政，欲命曷鲁为迭剌部夷离堇^②。辞曰："贼在君侧，未敢远去。"太祖讨黑车子室韦^③，幽州刘仁恭遣养子赵霸率众来救。曷鲁伏兵桃山，俟霸众过半而要^④之；与太祖合击，斩获甚众，遂降室韦。太祖会李克用于云州，时曷鲁侍，克用顾而壮之曰："伟男子为谁？"太祖曰："吾族曷鲁也。"

会遥辇痕德堇可汗^⑤殁，群臣奉遗命请立太祖。太祖辞曰："昔吾祖夷离堇雅里^⑥尝以不当立而辞，今若等复为是言，何欤？"曷鲁进曰："曩吾祖之辞，遗命弗及，符瑞^⑦未见，第为国人所推戴耳。今先君言犹在耳，天人所与，若合符契。天不可逆，人不可拂，而君命不可违也。"太祖曰："遗命固然，汝焉知天道？"曷鲁曰："闻于越之生也，神光属^⑧天，异香盈幄，梦受神诲，龙锡^⑨金佩。天道无私，必应有德。我国削弱，龉龃^⑩于邻部日久，以故生圣人以兴起之。可汗知天意，故有是命。且遥辇九营棋布，非无可立者；小大臣

17

民属心于越，天也。昔者于越伯父释鲁⑪尝曰：'吾犹蛇，儿犹龙也。'天时人事，几不可失。"太祖犹未许。是夜，独召曷鲁责曰："众以遗命迫我，汝不明吾心，而亦俛随耶？"曷鲁曰："在昔夷离堇雅里虽推戴者众，辞之，而立阻午为可汗。相传十余世，君臣之分乱，纪纲之统隳。委质⑫他国，若缀斿⑬然。羽檄蠭午⑭，民疲奔命。兴王之运，实在今日。应天顺人，以答顾命，不可失也。"太祖乃许。明日，即皇帝位，命曷鲁总军国事。

（《辽史·耶律曷鲁传》）

【注释】

①"太祖"句：太祖，指辽太祖耶律阿保机（公元872—926年），为辽王朝的创建者。于越，官名，辽始置，为有功之臣的最高荣衔。②"欲命"句：曷鲁，即耶律曷鲁（公元872—918年），辽初大臣。迭剌部，辽时契丹族部落之一。夷离堇，官名，掌管兵马。③黑车子室韦：古代部族名。④要：腰击也。⑤遥辇痕德堇可汗：遥辇，为契丹族第二个永久性部落联盟，建于八世纪30年代，存在170多年之久。痕德堇，人名。可汗，我国古代契丹、蒙古等少数民族的最高首领。⑥夷离堇雅里：夷离堇，官名。雅里，人名。⑦符瑞：祥瑞的征兆，犹言吉兆。⑧属：连也。⑨

锡：赐也。⑩龁龀（yǐchèn）：用侧齿啃咬。引申为毁伤。⑪释鲁：即耶律释鲁，曾为契丹族军事首长，后被其子谋杀。⑫委质：谓人臣拜见人君时，屈膝而委体于地。后也用来表示归顺之意。⑬缀斿（liú）：垂挂的玉串。斿，古代帝王、诸侯冠冕前后垂悬的玉串。此喻指附庸地位。⑭羽檄蠭（féng）午：羽檄，军事文书，插羽毛以示紧急。蠭午，纷然并起貌。

【译文】

辽太祖做了于越官，掌握国家政权，准备任命耶律曷鲁为迭剌部的夷离堇。曷鲁推辞说："有贼人在您的身旁，我不能离您而去。"太祖讨伐黑车子室韦，幽州的刘仁恭派遣自己的养子赵霸率兵来援救室韦。曷鲁在桃山埋下伏兵，等到赵霸的队伍过去一半时，便拦腰截击；后与太祖的部队共同攻击赵霸兵，斩杀、俘虏了很多人，最后室韦投了降。太祖与李克用相会于云州，当时由曷鲁陪伴，李克用见了曷鲁，夸奖说："这位伟男子是谁？"太祖回答说："是我族的耶律曷鲁。"

后来碰上遥辇部落的痕德堇可汗去世，文武百官遵照可汗的遗嘱，迎立太祖为皇帝。太祖推辞说："从前，我们的祖先夷离堇雅里曾因为不应当被立为皇帝而拒绝即位，现在你们又提出让我这个不当立的人即位，这是为什么呢？"曷鲁进言说："从前，我们的祖先雅里拒绝称帝，是因为先王没有留下立他为帝的遗嘱，也没有见上天显出吉兆，而只是受国人推崇、拥戴罢了。现在，死去的可汗言犹在耳，上天和众人立您为君的意愿，十分相符。对上天不可违抗，对众人也不能违犯，而对先君留下的遗命更不能不照办。"太祖说："先君留下的遗命本来很正确，但你哪里知道天意呢？"曷鲁说："我听说您出生的时候，神异的光彩布满了天空，奇异的香气充满了帐幄，做梦时受到了神灵的指点，得到了龙赐的金佩。天道是无私的，一定要显出种种吉兆以与人的德行相应。我们的国家势力衰弱，受邻近部落欺压已很长时间了，因此，上天降生圣人来振兴我国。死去的可汗了解天意，所以才留下立您为君的遗命。况且遥辇部落的帐族星罗棋布，并不是没有可被立为帝王的人，只是臣民上下都倾心于您，这就是天意。过去，您的伯父释鲁曾说：'我就像一条蛇，侄儿就像一条龙。'天时人事，机不可失。"太祖还是没有答应。这天晚上，太祖单独召见了曷鲁，责备他说："众人都拿先君的遗命逼迫我，你也不明白我的心思，还与众人一唱一和！"曷鲁说："从前，夷离堇雅里虽然得到了众人的推崇、拥戴，但他还是拒绝即帝位，而立阻午为可汗。相传了10几代以后，君臣的职守都已混乱，纲常礼义都已毁坏。只有依附别的国家，就像冠冕上缀挂的玉饰一样。战争频繁，百姓疲于奔命。拥立君王的时机，实在今日。您应当顺应天人，以实行可汗临终时的遗命，不可失去这次机会。"太祖听后，便答应了。第二天，太祖登上了皇帝的位置，便令曷鲁总管军国大事。

御 人

耶律忠贞　太祖起疑

（耶律）古，字涅剌昆，初名霞马葛。太祖为于越①，尝从略地山右②。会李克用于云州③，古侍，克用异之曰："是儿骨相非常，不宜使在左右。"以故太祖颇忌之。时方西讨，诸弟乱作，闻变，太祖问古与否，曰无。喜曰："吾无患矣！"趣召古议。古陈殄灭之策，后皆如言，以故锡赍甚厚。

神册④末，南伐，以古佐右皮室详稳老古⑤，与唐兵战于云碧店。老古中流矢，伤甚，太祖疑古阴害之。古知上意，跪曰："陛下疑臣耻居老古麾下耶？及今老古在，请遣使问之。"太祖使问老古，对曰："臣于古无可疑者。"上意乃释。老古卒，遂以古为右皮室详稳。

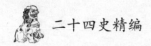

既卒，太祖谓左右曰："古死，犹长松自倒，非吾伐之也。"

（《辽史·耶律古传》）

【注释】

①太祖为于越：太祖，即辽太祖耶律阿保机。于越，官名，为有功之臣的最高荣衔。②"尝从？句：略地，巡视边境也。山右，指今山西省一带。③云州：今山西省大同市。④神册：辽太祖年号。⑤"以古"句：右皮室，军队名号。辽太祖以行营为宫，选各部豪健者置腹心部（机构名），号皮室军；辽太宗又扩充至30万人，分南、北、左、右皮室等名号，其实际上是御卫亲军。详稳，官名，为官府监治长官。

【译文】

耶律古，字涅剌昆，初名为霞马葛。辽太祖做了于越后，耶律古曾跟随太祖巡视山右边境。太祖与李克用在云州相会时，耶律古作陪。李克用见了耶律古，很惊奇，对太祖说："这人骨相非同一般，不能把他放身边使用。"因此，太祖十分猜忌耶律古。当时正逢出兵西征，诸弟之乱又起，太祖闻知事变，就打听耶律古是否参与了叛乱，回答说没有。太祖高兴地说："我不用担心了！"马上召见耶律古商量对策。耶律古陈说了消除叛乱的计策，后来的情况果如其言。因此，太祖对他赏赐十

22

分丰厚。

神册末年，南伐后唐，太祖让耶律古辅助右皮室详稳老古领兵作战。在云碧店，与后唐兵交战。老古被流箭射中，伤势很重。太祖怀疑这是耶律古暗害老古。耶律古知道太祖的心思，便跪着说："您疑心我耻于做老古的部下吗？趁老古现在没死，请您派人去问问他。"太祖派人去问老古，老古回答说："我对耶律古没有任何怀疑。"太祖的疑虑这样才消除了。老古死后，太祖便以耶律古为右皮室详稳。

耶律古死后，太祖对身边的大臣说："耶律古死了，就像高大的松树自己倒落一样，不是我'砍'倒的。"

石敬瑭取媚异主

晋帝①辞归，上②与宴饮。酒酣，执手约为父子。以白貂裘一、厩马③二十、战马千二百饯之。命迪离毕④将五千骑送入洛。临别，谓之曰："朕留此，候乱定乃还耳。"辛巳，晋帝至河阳⑤，李从珂⑥穷蹙，召人皇王倍⑦同死，不从，遣人杀之，仍举族自焚。诏收其士卒战殁者瘗之汾水⑧上，以为京观⑨。晋命桑维翰为文，纪上功德。

（《辽史·太宗本纪》）

23

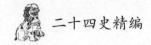

【注释】

①晋帝：这里指石敬瑭（公元892—942年）。②上：这里指辽太宗耶律德光。③厩（jiù）马：养于马棚中的马。④迪离毕：辽国战将。⑤河阳：县名，今河南省孟县。⑥李从珂：原为后唐将领，936年4月，起兵攻陷洛阳，夺取了帝位。公元936年11月，石敬瑭统兵攻之，后兵败自焚。⑦人皇王倍：即辽太祖耶律阿保机长子耶律倍（公元899年—936年）。公元926年，被立为东丹王，人称"人皇王"。李从珂起兵篡位后，倍极力反对之。⑧汾水：水名，为黄河支流，源出山西宁武县，南流曲沃县西折，在孟津县入黄河。⑨京观：古代战争，胜者为了炫耀武功，收集敌人尸体，封土成高冢，称为京观。

【译文】

晋帝石敬瑭准备告辞回府，辽太宗设宴和他饮酒。酒喝得兴起时，石敬瑭拉着太宗的手，拜太宗为父。太宗便以一件白色貂皮衣服，20匹厩马，1200匹战马给他作送别的礼物。又命令迪离毕率领5000骑兵送他回洛阳。临别之时，石敬瑭对迪离毕说："我就停留在这儿，等叛乱平定后再回辽国。"辛巳日，晋帝石敬瑭到了河阳，李从珂兵败走投无路，便派人去召耶律倍来一同自杀。耶律倍不同意，李从珂派人将他杀害了，于是和全家族的人一起自焚而死。太宗下令收集战死的李从珂士兵

辽 史

的尸体，将其埋葬在汾水之上，形成了一座高大的坟墓。晋帝石敬瑭命令桑维翰写文章，来记载辽太宗的功德。

合住一言胜十万雄兵

合住①久任边防，虽有克获功，然务镇静，不妄生事以邀近功。邻壤敬畏，属部乂②安。宋数遣人结欢，冀达和意，合住表闻其事，帝③许议和。……镇范阳④时，尝领数骑径诣雄州⑤北门，与郡将立马陈两国利害，及周⑥师侵边本末，辞气慷慨，左右壮之。自是，边境数年无事。识者以谓合住一言，贤于数十万兵。

（《辽史·耶律合住传》）

【注释】

①合住：即耶律合住，安粘衮，辽太祖之侄孙。智而有文，通晓军政事务。②乂（yì）：安定。③帝：指辽景宗耶律贤。④范阳：在今河北省涿县一带。⑤雄州：故地在今河北省雄县。⑥周：指五代后周国。

【译文】

耶律合住多年担任边防官，虽然打仗勇猛有夺城之功，但他还是致力于边境的安宁，不随便动武以求眼前的功劳。邻国

25

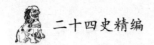

的人都很敬畏他，他的部下也相处得平安无事。宋朝多次派人与之交好，希望他转达与辽和解的意思。耶律合住就上书朝廷，让朝廷知道此事。辽景宗答应与宋朝议和。……耶律合住镇守范阳的时候，曾经带领几个骑兵径直来到了雄州城的北门，他立在马上向宋朝的雄州郡守将陈说了两国交战的利害关系，以及后周军队侵犯边境前后经过。耶律合住说话时慷慨激昂，雄州郡守将的部下都夸赞他。此后，边境上多年没有出现战争。有见识的人因此说，耶律合住的一句话，就胜过了数十万雄兵。

契丹重用韩延徽

韩延徽，字藏明，幽州安次①人。父梦殷，累官蓟、儒、顺三州刺史。延徽少英。燕帅刘仁恭奇之，召为幽都府文学……

后守光②为帅，延徽来聘，太祖③怒其不屈，留之。述律后④谏曰："彼秉节弗挠，贤者也，奈何困辱之？"太祖召与语，合上意，立命参军事⑤。攻党项、室韦⑥，服诸部落，延徽之筹居多。乃请树城郭，分市里，以居汉人之降者。又为定配偶，教垦艺，以生养之。以故逃亡者少。

居久之，慨然怀其乡里，赋诗见意，遂亡归唐。已而与他将王缄有隙，惧及难，乃省亲幽州，匿故人王德明舍。德明问所适，延徽曰："吾将复走契丹⑦。"德明不以为然。延徽笑曰："彼失我，如失左右手，其见我必喜。"既至，太祖问故。延徽曰："忘亲非孝，弃君非忠。臣虽挺身逃，臣心在陛下。臣以是复来。"上大悦，赐名曰匣列。"匣列"，辽言复来也。即命为守政事令、崇文馆大学士，中外事悉令参决。

（《辽史·韩延徽传》）

【注释】

①幽州安次：在今河北省安次县（廊坊）西北。②守光：即幽州将帅刘守光。③太祖：即辽太祖耶律阿保机。④述律后：即辽太祖之妻述律平，封号为应天大明地皇后。⑤参军事：官名。⑥党项、室韦：都是古代部族名。⑦契丹：我国古代民族名，原为东胡的一支，很早就居住在今辽河上游一带，过着游牧生活。后来耶律阿保机统一各族，建为契丹国，即辽国。

【译文】

韩延徽，字藏明，幽州安次人。父亲名叫梦殷，累官为蓟、儒、顺三州的刺史。韩延徽年少时就英俊不凡，燕帅刘仁恭十分器重他，封他为幽都府的文学官。

后来刘守光为将帅，韩延徽来到辽国聘问，辽太祖对他的傲慢不屈十分恼火，便扣留了他。述律皇后劝告太祖说："他坚守节操，不屈不挠，是个贤人，你怎么能把他扣押起来而侮辱他呢?"太祖便召见了韩延徽，与他谈话，韩延徽的谈吐太祖很是中意，太祖就任命他为参军事。攻打党项、室韦两族，征服其他各部落，韩延徽出的计谋最多。韩延徽又请太祖建造城池，分划市里，以让投降来的汉人居住。又为这些汉人选定配偶，教他们垦地种植，以自给自足。因此，汉人逃离的很少。

过了很长时间，韩延徽十分思念家乡，便作诗以抒发思乡之情，最后跑回到了后唐。不久，与后唐的将领王缄产生了矛盾，韩延徽害怕招致灾祸，便回到了幽州探望亲人，躲在朋友王德明的住所里。德明问他将去哪儿，延徽回答说："我将又去契丹。"王德明听后，不以为然。韩延徽笑着说："契丹失去了我，就像人失去了左右手，契丹人见我回来，一定很高兴。"等到到了契丹国，辽太祖问他回来的原因，韩延徽答道："忘记亲人是不孝道的，遗弃君王的是不忠诚的。我虽然抽身逃跑了，但我的心仍牵挂着您。因此，我又回到了这里。"辽太祖听后十分高兴，给他赐名为匣列。匣列，辽语的意思是"又来"。太祖又马上任命他为守政事令、崇文馆大学士，里里外外的事情，都要请他帮助参谋、决定。

法　制

马人望虑远而除厚敛之弊

京城狱讼填委①，人望②处决，无一冤者。会检括③户口，未两旬而毕。同知留守萧保先怪而问之，人望曰："民产若括之无遗，他日必长厚敛之弊，大率十得六七足矣。"保先谢曰："公虑远，吾不及也。"

（《辽史·马人望传》）

【注释】

①填委：纷集；堆积。②人望：即马人望，辽官吏，字俨叔，道宗至天祚帝时曾任松山县令、中京度支司盐铁判官、警巡使、上京副留守等职。③检括：查检征收。

【译文】

京城的诉讼案多如牛毛，马人望对此作了果断处理，没有一个受冤屈的。适逢清查、征收户头人口税，马人望在不到20

天的时间内就了结了这件事。同知留守萧保先对此觉得惊奇，并问他为什么进行得这么快。马人望说："百姓的财产倘若被搜括得没有存余的，以后就必然助长大肆搜刮的弊端。对百姓的财产，大约征收到十分之六、十分之七就足够了。"萧保先告诉他说："你考虑得长远，我赶不上你。"

萧保先严酷致祸乱

六年①春正月丙寅朔，东京②夜有恶少年十余人，乘酒执刀，踰垣入留守府③，问留守萧保先所在："今军变，请为备。"萧保先出，刺杀之。户部使大公鼎④闻乱，即摄留守事，与副留守高清明集奚、汉兵千人，尽捕其众，斩之，抚定其民。东京故渤海地，太祖力战二十余年乃得之。而萧保先严酷，渤海苦之，故有是变。

（《辽史·天祚皇帝本纪》）

【注释】

①六年：此指辽天祚帝天庆六年。②东京：故地在今辽宁省辽阳市一带。③"踰垣"句：垣（yuán），墙也。留守府，官署名，负责镇守都城等事，其官多以亲王、重臣或地方长官充任。④大公鼎：人名。

【译文】

六年春正月初一的晚上，东京有十几个无赖的恶少，乘着酒兴持刀翻墙进入了留守府，询问留守萧保先在什么地方，并说："如今出现了兵变，请作好防备。"萧保先出来后，恶少们就刺杀了他。户部使大公鼎听说留守府发生暴乱，便代理留守职务，并与副留守高清明一起，召集奚族和汉族的士兵1000人，将闹事的恶少们统统逮捕，然后将其斩杀，以安抚、稳定当地的百姓。东京是过去渤海国的地盘，辽太祖奋力征战了二十多年才夺得此地。而萧保先执政凶残、酷暴，渤海一带的人深受其苦，因此才发生了这次变乱。

萧韩家奴论止盗之法

时①诏天下言治道之要，制②问"……补役之法何可以复？盗贼之害何可以止？"韩家奴③对曰：

"……臣闻唐太宗问群臣治盗方，皆曰：'严刑峻法。'太宗笑曰：'寇盗所以滋者，由赋敛无度，民不聊生，今朕内省嗜欲，外罢游幸，使海内安静，则寇盗自止。'由此观之，寇盗多寡，皆由衣食丰俭，徭役重轻耳……"

（《辽史·萧韩家奴传》）

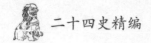

【注释】

①时：此指辽兴宗重熙初期。②制：即制书，是帝王命令的一种。③韩家奴：即萧韩家奴，辽大臣，兴宗时曾任同知三司使事、节度使、翰林都林牙等职。

【译文】

当时辽兴宗诏令全国人讨论治国的大政方针，并颁下制书问道："补役之法如何才能恢复？盗贼之害如何才能制止？"萧韩家奴上疏回答说：

"……我闻说唐太宗向大臣们询问惩治盗匪的办法，大臣们回答说：'用严刑峻法。'唐太宗笑着说：'匪盗之所以滋生，是由于赋敛无度，民不聊生。如今我在宫内节制嗜好和欲望，在外停止游猎和巡幸，使全国安宁无事，那么匪盗就自然没有了。'由此看来，匪盗的多少，都是由百姓的衣食丰俭、徭役轻重决定的……"

辽道宗不改姓氏之制

上表乞广本国姓氏曰："我朝创业以来，法制修明；惟姓氏止分为二，耶律与萧而已。始太祖①制契丹大字，取诸部乡里之名，续作一篇，著于卷末。臣请推广之，使诸部各立姓氏，庶男女婚媾有合典礼。"帝②以旧制不可遽厘③，不听。

（《辽史·耶律庶成传》）

【注释】

①太祖：指辽太祖耶律阿保机。②帝：指辽道宗耶律洪基。③厘：订正，改正。

【译文】

耶律庶成呈上表书，请求增加辽国人的姓氏，他说："我们大辽王朝自建国以来，法律制度昌明；唯有姓氏还只是两个，即耶律和萧姓而已。起初辽太祖制定我们契丹族的文字时，采用各部落中乡村里巷的名称制为姓氏，并将此写成了一篇文章，著录在文字之书的后面。我请求将太祖拟订的这些姓氏加以推广，从而使众部落各立姓氏，让老百姓男女婚姻合乎制度和礼仪。"辽道宗觉得过去的制度不能突然改变，就没有听从他的意见。

耶律庶成修订辽法

重熙①初，……（庶成）与枢密副使萧德修定法令，上诏庶成②曰："方今法令轻重不伦③。法令者，为

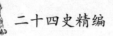
政所先，人命所系，不可不慎。卿其审度轻重，从宜修定。"庶成参酌古今，刊正讹谬，成书以进。帝览而善之。

（《辽史·耶律庶成传》）

【注释】

①重熙：辽兴宗耶律宗真年号。②庶成：即耶律庶成，辽大臣，字喜隐，善辽、汉文字，于诗尤工，兴宗时曾任牌印郎君、枢密直学士、林牙等职。③不伦：不成条理也。

【译文】

重熙初年，……耶律庶成与枢密副使萧德一道修定法令，辽兴宗诏令耶律庶成说："如今国家的法令轻重失调。法令，是治理国政的先决条件，它关系到人的性命，不能不慎重。希望你审察、衡量法令的轻重，按照合宜的原则加以修定。"耶律庶成就参考、斟酌古今的法令，改正了现今法令中的错谬之处，编写成书后呈交给了皇帝。兴宗看过便称赞编写得好。

军 事

耶律虎古料宋必取河东

耶律虎古，字海邻，六院夷离堇觌烈之孙①。少颖悟，重然诺。

……十年②，使宋还，以宋取河东③之意闻于上。燕王韩匡嗣曰："何以知之？"虎古曰："诸僭号之国，宋皆并收，唯河东未下。今宋讲武习战，意必在汉。"匡嗣力沮④，乃止。明年，宋果伐汉，帝以虎古能料事，器之，乃曰："吾与匡嗣虑不及此。"授涿州⑤刺史。

（《辽史·耶律虎古传》）

【注释】

①"六院"句：六院，辽契丹族部落之一。夷离堇，官名，职掌兵马。②十年：此指辽景宗（耶律贤）保宁十年，即

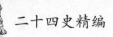

公元978年。③河东：指今山西省境内黄河以东地区。当时为北汉王朝所在地。④沮（jǔ）：阻止。⑤涿州：州名，故地在今河北省涿县一带。

【译文】

耶律虎古，字海邻，是六院部夷离堇觌烈的孙子。耶律虎古自幼聪明，也很守信用。

……保宁十年，耶律虎古出使宋朝回来，将宋朝攻取河东地区的意图报告了辽景宗。燕王韩匡嗣对耶律虎古说："你怎么知道宋朝会攻打河东呢？"耶律虎古说："那些越分自立旗号的国家，都被宋朝兼并了，只有河东地区没被攻取。现在宋朝在练兵习战，其用意一定是为了攻取河东。"韩匡嗣极力劝说景宗不要防御宋军，景宗才没有采取行动。第二年，宋朝果然出兵征伐北汉，景宗认为耶律虎古善于预料事情，很器重他，还说："我和韩匡嗣都还没有想到这点上。"景宗授给了他涿州刺史的官职。

图鲁窘之计

耶律图鲁窘，字阿鲁隐，肃祖子洽睿①之孙，勇而有谋。

……

从讨石重贵②，杜重威③拥十万余众拒滹沱④桥，力战数日，不得进。帝⑤曰："两军争渡，人马疲矣，计安出?"诸将请缓师，为后图，帝然之。图鲁窘厉色进曰："臣愚窃以为陛下乐于安逸，则谨守四境可也；既欲扩大疆宇，出师远攻，讵能无厪圣虑⑥。若中路而止，适为贼利，则必陷南京⑦，夷属邑。若此，则争战未已，吾民无奠枕⑧之期矣。且彼步我骑，何虑不克。况汉人足力弱而行缓，如选轻锐骑先绝其饷道，则事蔑⑨不济矣。"帝喜曰："国强则其人贤，海巨则其鱼大。"于是塞其饷道，数出师以牵挠其势，重威果降如言。

(《辽史·耶律图鲁窘传》)

【注释】

①洽眘（shèn）：即耶律洽眘，字牙新，曾任迭剌部夷离堇。②石重贵：后晋高祖石敬瑭的养子，生于公元914年，死于964年，石敬瑭死后继位。在位4年，史称出帝。③杜重威：后晋大将。④滹（hū）沱：水名，源出山西省繁峙县县泰戏山，穿太行山，东流入河北平原。⑤帝：指辽太宗耶律德光。⑥"讵能"句：讵（jù），难道、哪里。厪（qín），劳也。⑦南京：即今北京市。⑧奠枕：即安枕，意为安定。⑨蔑：无；没有。

【译文】

耶律图鲁窘，字阿鲁隐，是肃祖儿子耶律洽睿的孙子，勇敢而有智谋。

……

耶律图鲁窘跟随辽太宗征讨后晋石重贵，后晋大将杜重威率领十万多人马在滹沱桥上抗击辽军。辽军苦战多日，不能前进。辽太宗说："两军争渡，人马都很疲累了，可想什么办法呢？"将领们都请暂缓用兵，以后再作打算。辽太宗同意了他们的意见。耶律图鲁窘神情严肃地进谏道："我考虑，认为陛下要乐于安逸，就小心谨慎地守住四方边境行了；既然想扩大疆土，出兵远征，哪能不多费点脑筋呢？如果中途而止，就正好有利于敌人，那么南京就必定要沦陷，所属城镇也要失落。如果是这样，那战争就不会休止，我国的老百姓就没有安宁之日了。况且敌人步行，我军骑马，何必担心打不败他们呢。更何况汉人的脚力差，行动慢，如果我们挑选轻快、精锐的骑兵先去断绝他们的粮道，那事情就没有不成功的。"辽太宗高兴地说："国家强盛，它的人民就贤明；海水深广，它的鱼儿就巨大。"于是，派兵阻塞敌人的粮道，多次出兵牵制、搅扰敌人的兵势，后来杜重威果然投降，就像耶律图鲁窘所预言的那样。

太宗畋猎习武

九月庚午，侍中①崔穷古言："晋主②闻陛下数游猎，意请节之。"上③曰："朕之畋猎，非徒从乐④，所以练习武事也。"乃诏谕之。

（《辽史·太宗本纪》）

【注释】

①侍中：官名。侍于皇帝左右，权位较尊。②晋主：后晋之君王。此指晋高祖石敬瑭（公元892—942年）。③上：皇上，此指辽太宗耶律德光。④从乐：同"纵乐"。

【译文】

会同三年九月庚午日，侍中崔穷古向辽太宗说："晋主石敬瑭听说陛下多次出外打猎，致意于您，请您节制游猎之事。"辽太宗回答说："我出外打猎，并不只是尽情娱乐，而是为了练习军事。"于是颁下诏书，晓谕此事。

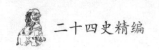

理　财

入仕当以治国安民为己任

铎鲁斡所至有声，吏民畏爱。及退居乡里，子普古为乌古部节度使①，遣人来迎。既至，见积委②甚富。谓普古曰："辞亲入仕，当以裕国安民为事。枉道欺君，以苟货利，非吾志也。"命驾而归。普古后为盗所杀。

（《辽史·耶律铎鲁斡传》）

【注释】

①"子普古"句：普古，耶律铎鲁斡之子。乌古部，辽契丹部落之一。②积委：此指储积的财物。

【译文】

耶律铎鲁斡所到之处，都有名望，官吏百姓都敬畏并爱戴他。等到他退休要回家乡居住时，儿子耶律耶普古已是乌古部节度使，便派人前来迎接父亲。到了普古家后，耶律铎鲁斡见其家中储积着许多财物。耶律铎鲁斡对普古说："告别父母亲去做官，应当以国家富强，人民安定为行事的根本。违背道义，欺蒙君主，用不正当的途径来谋取财物，这都不是我的意愿!"于是命令车驾返回原处。耶律普古后来被造反之人杀了。

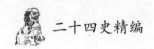

德 操

杀虎救驾

开泰五年①秋，大猎，帝射虎，以马驰太速，矢不及发，虎怒，奋势将犯跸②。左右辟易③，昭衮④舍马，捉虎两耳骑之。虎骇，且逸。上命卫士追射，昭衮大呼止之。虎虽轶⑤山，昭衮终不堕地。伺便，拔佩刀杀之。辇至上前，慰劳良久。

（《辽史·陈昭衮传》）

【注释】

①开泰五年：公元 1016 年。开泰，辽圣宗年号。②跸(bì)：帝王的车驾。③辟易：惊退。④昭衮：辽字官员，辽圣宗时曾任敦睦宫太保，兼掌围场事。⑤轶：逃也。

【译文】

开泰五年秋天，大规模围猎。圣宗皇帝用弓箭射击老虎，由于马跑得太快，圣宗手中的弓箭还没有来得及发射。老虎被激怒了，便奋起反抗，眼看即将冲撞皇帝的车驾了，皇帝身旁的人吓得连忙躲避。陈昭衮丢开自己骑的马，抓住老虎的两只耳朵骑到了虎背上。老虎大为惊骇，逃跑了，皇上命令卫兵追赶并射击老虎，陈昭衮在虎背上大声呼喊，制止追射老虎尽管逃到了山里，但陈昭衮始终没从老虎身上摔落下来。瞅了个机会，他就拔出佩刀杀死了老虎。皇帝的车驾赶到了眼前，皇帝对陈昭衮慰问了很长时间。

辽太祖品评诸子

　　章肃皇帝，小字李胡，一名洪古，字奚德，太祖①第三子，母淳钦皇后萧氏。

　　少勇悍多力，而性残酷，小怒辄黥②人面，或投水火中。太祖尝观诸子寝，李胡缩项卧内，曰："是必在诸子下。"又尝大寒，命三子采薪。太宗③不择而取，最先至；人皇王④取其干者束⑤而归，后至；李胡取少而弃多，既至，袖手而立。太祖曰："长巧而次成，少不及矣。"而母笃爱李胡。

（《辽史·章肃皇帝李胡传》）

【注释】

①太祖：即辽太祖耶律阿保机，为辽王朝的创建者。②黥：用刀在人的面额刺字符，然后涂上墨。③太宗：即辽太宗耶律德光，字德谨，为辽太祖次子。④人皇王：即辽太祖长子耶律倍。公元 926 年初，被太祖封为东丹王，人称人皇王。⑤束：捆。

【译文】

章肃皇帝，小字李胡，又名洪吉，字奚德，是辽太祖的第3 个儿子，其母是淳钦皇后萧氏。

李胡自小就勇猛剽悍，力气极大，而且性情残酷，稍一发怒就要在人的脸上刺字，或把人投入水火之中。辽太祖曾经察看几个儿子睡觉，发现李胡是缩着脖子睡在床里头，便说："这孩子将来没出息，必定在几个孩子之下。"又有一次，天气非常寒冷，太祖叫 3 个儿子去外面砍柴禾。二儿子耶律德光跑去不加选择地砍到一堆柴禾，最先回到屋里；大儿子耶律倍只取那些干燥的柴禾捆起来，最后回到家里；李胡砍得少；并且丢得多，等到回到家里，又用袖子笼着手站在一旁。太祖见后，说："大儿子最乖巧，二儿子老成，小儿子比不上两个哥哥。"可是，淳钦皇后最疼爱李胡。

辽太宗观画思亲

　　冬十一月①丙午，幸弘福寺为皇后饭僧，见观音画像，乃大圣皇帝②、应天皇后③及人皇王④所施⑤，顾左右曰："昔与父母兄弟聚观于此，岁时未几，今我独来！"悲叹不已。乃自制文题于壁，以极追感之意。读者悲之。

（《辽史·太宗本纪》）

【注释】

　　①冬十一月：此指辽太宗天显十年十一月。②大圣皇帝：指辽太宗耶律阿保机。③应天皇后：即太祖耶律阿保机之妻述律平，史称应天皇后。④人皇王：指辽太祖之长子耶律倍，公元926年被任命为东丹王，人称人皇王。⑤施：赠送。

【译文】

　　冬十一月丙午日，辽太宗耶律德光到弘福寺替皇后给僧人施舍饭食，看到寺院里的观音画像，是他的父母辽太祖、应天皇后及哥哥耶律倍所赠送的，太宗回过头来对身旁的人说："以往，我和父母及兄弟们曾在这里一起观赏，没过多少年，如今只有我一个来这里了！"太宗悲叹不已。因此，自作了一

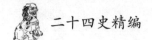

篇文章，题写在寺院的墙壁上，用以尽情抒发他追念父母、兄弟的情意。读者看后，都为之悲伤。

耶律倍让天下

天显元年①从征渤海，拔扶余城②，上欲括户口，倍③谏曰："今始得地而料民，民必不安。若乘破之势，径造忽汗城④，克之必矣。"太祖从之。倍与大元帅德光⑤为前锋，夜围忽汗城，大諲譔⑥穷蹙，请降。寻复叛，太祖破之。改其国曰东丹，名其城曰天福，以倍为人皇王主之。仍赐天子冠服，建元甘露，称制⑦。……上谕曰："此地濒海，非可久居，留汝抚治，以见朕爱民之心。"驾将还，倍作歌以献。陛辞，太祖曰："得汝治东土，吾复何忧。"倍号泣而出。"遂如仪坤州⑧。

未几，诸部多叛，大元帅讨平之。太祖讣至，倍即日奔赴山陵。倍知皇太后⑨意欲立德光，乃谓公卿曰："大元帅功德及人神，中外攸属，宜主社稷。"乃与群臣请于太后而让位焉。于是大元帅即皇帝位，是为太宗。

太宗既立，见疑，以东平⑩为南京，徙倍居之，尽迁其民。又置卫士阴伺动静。倍既归国，命王继远撰

《建南京碑》，起书楼于西宫，作《乐田园诗》。唐明宗⑪闻之，遣人跨海持书密召倍，倍因畋⑫海上。使再至，倍谓左右曰："我以天下让主上，今反见疑；不如适他国，以成吴太伯⑬之名。"立木海上，刻诗曰："小山压大山，大山全无力。羞见故乡人，从此投外国。"携高美人，载书浮海而去。

……至汴，见明宗。明宗以庄宗⑭后夏氏妻之，赐姓东丹，名之曰慕华。……倍虽在异国，常思其亲，问安之使不绝。

后明宗美子从珂弑其君自立，倍密报太宗曰："从珂弑君，盍⑮讨之。"及太宗立石敬瑭为晋主，加兵于洛。从珂欲自焚，召倍与俱，倍不从，遣壮士李彦绅害之，时年三十八。

（《辽史·义宗倍传》）

【注释】

①天显元年：即公元926年。天显，辽太祖年号。②扶余城：故址在今吉林省四平市西。③倍：即耶律倍，辽太祖耶律阿保机的长子。④忽汗城：即今黑龙江宁安县西南东京城，为古渤海国都城。⑤德光：即耶律德光，辽太祖的次子。922年，被封为天下兵马大元帅。927年即皇位，史称辽太宗。⑥大谞误

(yīn zhuàn)：人名，为渤海国国王。⑦称制：行使帝王的权力。
⑧仪坤州：州名，治所在广义县。⑨皇太后：此指辽太祖妻述
律平，907 年被尊为地皇后，史亦称应天皇后。⑩东平：府名，
渤海国置，治所在伊州。⑪唐明宗：即后唐君主李嗣源，在位 8
年。⑫畋（tián）：打猎。⑬太伯：周太王的长子。太王欲立幼
子季历为王，太伯遂避逃江南，后为吴国的创建者。⑭庄宗：
即后唐君主李存勖（公元885—926 年），为后唐王朝的创立者，
在位 4 年。⑮盍（hé）：何不。

【译文】

天显元年，耶律倍随辽太祖讨伐渤海国，攻下了扶余城。
辽太祖打算统计户口，耶律倍进谏说："如今刚刚攻得渤海国
就统计人口，老百姓必定会骚动不安。倘若乘着这破竹之势，
直接攻打渤海国都忽汗城，取得胜利是不成问题的。"辽太祖
听从了他的建议。耶律倍与大元帅耶律德光为前锋，乘天黑包
围了忽汗城，渤海国王大諲譔走投无路，便请求投降。不久，
又反叛，辽太祖就攻占了忽汗城。将渤海国国名改为东丹国，
将忽汗城改称天福城，封耶律倍为人皇王，主持东丹国国政。
并赐给天子衣帽，建年号为甘露，耶律倍于是上任执政。太祖
告诫耶律倍说："这地方邻近大海，不能长久地呆在这儿，我
留下你在此安抚治理，是为了表现我的爱民之心。"太祖的车
驾将要返回朝廷，耶律倍便作歌以献。等到太祖辞行时，太祖

对耶律倍说："能够有你治理东部国土，我还有什么担心的呢？"耶律倍嚎啕大哭地出来送行。太祖于是到了仪坤州。

没过多久，各部落大多叛乱，大元帅耶律德光征伐平定了他们。太祖去世的讣告传来后，耶律倍当天就赶到了太祖陵墓的所在地。耶律倍得知皇太后有立耶律德光为帝的意思，便对公卿大臣们说："大元帅耶律德光的功德已施及人、神，为中、外之人所景仰，应该让他主持国家大政。"因此，与文武百官一道请求皇太后立耶律德光为帝，而自己让出帝位。因此，大元帅耶律德光登上了皇帝的位置，这就是辽太宗。

太宗即位后，耶律倍受到猜忌。辽太宗将东平改称南京，就让耶律倍迁到此地居住，并把此地的老百姓统统迁走，又安置了卫士暗中监视耶律倍的行动。耶律倍回到南京后，便命令王继远写了《建南京碑》一文，又在西宫建造了藏书楼，写作了《乐田园诗》。唐明宗得知这些情况后，便立即派人拿着书信渡过渤海秘密召见耶律倍，耶律倍就乘机去海上打猎。后唐使者再次来到，耶律倍对身旁的部下说："我把天下让给了太宗，如今反而被猜忌，我不如去到别的国家，以此获得吴太伯那样让位于弟的名声。"他立了一块木头在海上，木上刻有诗句："小山压大山，大山全无力。羞见故乡人，从此投外国。"他后来携带高美人，载着书籍，飘洋过海而去了。

……到达汴京后，耶律倍拜见了唐明宗。唐明宗将唐庄公的后妃夏氏嫁给了耶律倍，给他赐姓东丹，起名叫慕华。……

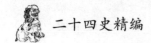

耶律倍尽管身在异国，但经常想起家乡的亲人，他派回家乡问安的使者一直没断。

后来，唐明宗的养子李从珂杀害了明宗，自立为帝。耶律倍暗中报告辽太宗说："李从珂杀害了后唐君主，你何不讨伐他呢？"等到辽太宗扶立石敬瑭为后晋的君主后，石敬瑭出兵攻打洛阳。李从珂想自焚，便召耶律倍来一起死。耶律倍不同意，李从珂就派壮士李彦绅杀死了他，当时他仅38岁。

韩留性不事权贵

耶律韩留，字速宁，仲父隋国王之后①。……性不苟合，为枢密使萧解里所忌。上②欲召用韩留，解里言目病不能视，议遂寝。四年③，召为北面林牙④，帝曰："朕早欲用卿，闻有疾，故待之至今。"韩留对曰："臣昔有目疾，才数月耳；然亦不至于昏。第臣驽拙⑤，不能事权贵，是以不获早睹天颜。非陛下圣察，则愚臣岂有今日耶！"

（《辽史·耶律韩留传》）

【注释】

①"仲父"句：仲父，辽皇族族系名号，为三父房（孟父

房、仲父房、季父房）之一。隋国王，即耶律释鲁，为辽太祖
耶律阿保机之伯父，曾任过于越等职。②上：指辽兴宗耶律宗
真。③四年：此指辽兴宗重熙四年。④北面林牙：北面，指掌管
契丹宫帐、部族、属国的官僚机构。林牙，官名，掌文翰之事。
⑤驽拙：笨拙。

【译文】

耶律韩留，字速宁，仲父房隋国王的后代。……耶律韩留
本性不爱附和别人，遭到了枢密使萧解里的忌恨。辽兴宗打算
召用耶律韩留，萧解里就说韩留的眼睛有毛病，不能看东西，
召用的事就告吹了。重熙四年，耶律韩留被任命为北面林牙，
兴宗说："我早就想用你，听说你有病，因此一直等到如今。"
耶律韩留回答说："我过去患有眼病，不过才患了几个月的时
间；然而也没有病到看不见东西的地步。只是我太愚蠢、笨拙、
不会巴结权贵，因此不能早日见到您的面。倘若不是陛下您明
察，那我哪还会有今天呢！"

此社稷计　何憾之有

大康二年①，耶律乙辛②为中京留守，诏百官廷议，
欲复召之，群臣无敢正言。撒剌③独奏曰："萧岩寿④言
乙辛有罪，不可为枢臣，故陛下出之；今复召，恐天下

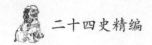

生疑。"进谏者三，不纳，左右为之震悚。乙辛复为枢密使，见撒剌让曰："与君无憾，何独异议？"撒剌曰："此社稷计，何憾之有！"乙辛诬撒剌与速撒同谋废立，诏按无迹，出为始平军⑤节度使。

（《辽史·耶律撒剌传》）

【注释】

①大康二年：即公元1076年。大康，辽道宗年号。②耶律乙辛：辽大臣，契丹族五院部人，字胡睹衮，道宗时曾任护卫太保、北院同知、南院枢密使、北院枢密使等职，是辽代有名的奸臣。③撒剌：即耶律撒剌，辽大臣。④萧岩寿：辽大臣，契丹族乙室部人。道宗时，因直言切谏，得罪了耶律乙辛，受其陷害，导致流放被杀。⑤始平军：行政区划名，治所在今辽宁省法库西南辽滨塔。

【译文】

大康二年，耶律乙辛任中京留守，辽道宗诏令文武百官在朝廷讨论，想把耶律乙辛召回京都，众大臣没人敢说直话，只有耶律撒剌上奏道："萧岩寿说耶律乙辛有罪，不能做枢密使，因此陛下您才把他调出京城；如今又想召他回京，恐怕天下人对此事生出疑心。"耶律撒剌如此再三地进谏，但道宗不听从，其他大臣都为耶律撒剌担心。耶律乙辛又做了枢密使，见到耶律撒剌后，责问他说："我与你没有什么怨仇，为何偏偏对我表示异议呢？"耶律撒剌说："我这是为国家考虑，对你哪里有什么怨仇呢？"耶律乙辛诬告耶律撒剌与耶律速撒合伙谋划废立皇帝的事，道宗因此下令查核，但无证据，便把他调出京都任始平军节度使。

萧陶隗切谏招祸殃

大康①中，……上②尝谓群臣曰："北枢密院军国重任，久阙其人，耶律阿思、萧斡特剌③二孰愈？"群臣各誉所长，陶隗④独默然。上问："卿何不言？"陶隗曰："斡特剌懦而败事；阿思有才而贪，将为祸基。不得已而用，败事犹胜基祸。"上曰："陶隗虽魏征⑤不能过，但恨吾不及太宗尔！"然竟以阿思为枢密使。由是阿思衔⑥之。

九年⑦，西围⑧不宁，阿思奏曰："边隅事大，可择重臣镇抚。"上曰："陶隗何如？"阿思曰："诚如圣旨。"遂拜西南面招讨使。阿思阴与萧阿忽带诬奏贼掠漠南牧马及居民畜产，陶隗不急追捕，罪当死，诏免官。久之，起为塌母城节度使。未行，疽⑨发背卒。

陶隗负气，怒则须髯辄张。每有大议，必毅然决

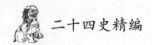

之。虽上有难色，未尝遽⑩已。见权贵无少屈，竟为阿思所陷，时人惜之。

（《辽史·萧陶隗传》）

【注释】

①大康：辽道宗耶律洪基年号。②上：指辽道宗。③耶律阿思、萧斡特剌：均为人名。耶律阿思，字撒班，道宗时曾任行宫都部署、北院大王、枢密使等职。萧斡特剌，生平未详。④陶隗：即萧陶隗，字乌古邻，辽大臣，为人刚直，有威重。⑤魏征：唐初大臣、杰出政治家，曾屡谏唐太宗励精图治。其言论见于《贞观政要》。⑥衔：怀恨也。⑦九年：此指辽道宗大康九年，即公元1083年。⑧圉（yū）：边境；边疆。⑨疽（jū）：一种毒疮。⑩遽：畏惧。

【译文】

大康年间，……辽道宗曾对大臣们说："北枢密院肩负军国重任，它缺人主事已经很长时间了，耶律阿思、萧斡特剌两人哪个更适合担任枢密使？"大臣们都各自称赞他俩的长处，只有萧陶隗默不作声。道宗问他说："你为何不发言呀？"萧陶隗说："萧斡剌怯懦而爱坏事；耶律阿思有才干可为人贪婪，将成为祸根。如不得已而用他们，坏事的人还是强似祸根。"道宗说："萧陶隗，即使是魏征也不能超过你，可惜的是我比

54

不上唐太宗啊！"可是，道宗最终还是让耶律阿思做了枢密使。从此耶律阿思就暗恨萧陶隗了。

大康九年，西部边境不安宁，耶律阿思奏报皇上说："边境的事情非常重要，可选择身居要职的大臣镇抚。"道宗说："萧陶隗怎么样？"耶律阿思说："我所想的正与皇上的旨意相合。"因此就任命萧陶隗为西南面招讨使。耶律阿思暗中与萧阿忽带一道向道宗诬告说，强盗抢掠大漠之南的牧马以及居民的牲口、财物，而萧陶隗没有及时抓捕。论其罪，萧陶隗被判处死刑，后来道宗下令只免了他的官。过了很久，道宗又起用萧陶隗为塌母城节度使。萧陶隗未能赴任，背上就生了毒疮，病逝了。

萧陶隗为人硬气而不肯屈居人下，发怒的时候，脸上的胡须就要张扬开来。每次遇有大事要商议的时候，他总一定是果断地作出决定。就算是皇上脸有难色，他也未曾畏惧而作罢。在那些掌权的达官显贵面前，他也一点不屈服，最后被耶律阿思陷害，当时的人都为他感到惋惜。

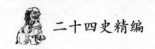

传世故事

马人望视事半年而仓禀实

马人望生活在辽道宗时代。当时辽朝已经开始走下坡路，政治上也很腐败。他是汉人，先祖是后晋的大臣，后来作了辽太祖耶律阿保机的俘虏，被安置在医巫闾山（在今辽宁省北镇县附近）一带居住。从曾祖父开始，就在辽为官。马人望自小丧父，但他聪明颖悟，勤奋好学，学识渊博，远近知名。辽道宗咸雍年间（1065—1074），中了进士，被任为松山（在今辽宁省葫芦岛市西南）县令。

马人望刚直不阿，胸怀为民造福之志。当时，整个朝廷需要的木炭都要由松山县提供。因此，松山县百姓烧制木炭的负担很重。马人望便要求自己的顶头上司——中京留守萧吐浑把上贡木炭的任务平均分配一下。萧吐浑非常不高兴，不愿答应他的要求。但马人望坚持要求平均负担。萧吐浑讲不过道理，便把他关押起来，关了将近一百天。再问他的时候，他还是坚持自己的要求。

萧吐浑被马人望的倔劲给感动了，高兴地对他说："你为了百姓肯于这样坚持自己的要求，今后定有大用。"萧吐浑便把马人望的表现报告了朝廷，朝廷答应了马人望平均木炭负担的请求。

后来，马人望又被调到涿州新城县（在今河北省新城县南）任县令。那里与宋朝接壤，是辽国驿道的起点。辽国的驿站，往往要由百姓负担驿马、驿夫之类的杂役，百姓往往不堪重负。马人望到任后，尽量自己解决驿马和驿夫，不骚扰百姓，这里的百姓也很爱戴他。

在他担任警巡使的时候，赶上检括户口。检括户口，往往连百姓家的财产也要检查，有不合规定的都要没收归官，所以要花费很长的时间。可是马人望一个月就干完了。有人觉得很奇怪，问他为什么干得这样快。他说，若是把老百姓的财产都检括出来了，就会助长聚敛百姓的作风。检个大概就可以了。听到他的话的人，称赞他考虑得远。

后来，他又改任上京（辽国都城，在今内蒙古自治区昭乌达盟巴林左旗）副留守。虽然那些年灾害不断，各地都相继发生了饥荒，但由于马人望治理有方，上京地区却基本上没有出现饥荒。

不久，他又调为中京度支使。他到任的时候，各地的仓库空虚。但，由于他治理得好，只"视事半年"，各地仓库就存入了十五万斛的谷物和二十万贯钱。为什么他管理国库就能增加收入呢？从后来他作南京（辽五京道之一，在今北京市西南）三司使时的管理办法，就可以知道一二。

当时政治腐败，仓库在出纳当中有很多弊病。马人望在各库建立了严格的账目，那些想从中作弊的人根本无法下手。

其实，马人望在各地工作，作各种工作，都有突出的政绩，主要原因在于他爱护百姓。他任新城县令的时候就深感向百姓摊派驿道用的马牛等各种用品及劳役，成了百姓的沉重负担。所以他改革了这种摊派的办法，而是让百姓出一部分钱，再用这钱雇人出驿工，减轻了百姓的负担，百姓觉得这是个好办法。马人望一直干到年老退休。

（《辽史·马人望传》
《辽史·食货志》等）

萧陶隗力矫积弊

尽管辽代统治者极力发展农业，取得了相当的成绩，但畜牧业毕竟是契丹人世代相承的"祖业"，在辽代的经济中一直占有重要的位置。在辽太祖和太宗的时代，以及后来的圣宗时代，虽然大力提倡农业，使农业生产有了很大程度的发展，但并没有放弃畜牧业。特别是太祖、太宗，在原来游牧的基础上，又发展了"群牧"的方法，使得国家掌握了大量的畜牧业资源，保证了畜牧业的发展，从而也保证了契丹人民生活的必须，保证了战争对马匹的需要。

但辽代圣宗以后，鼎盛时期已过，开始走下坡路。而在对畜牧业的管理上，也出现了一些问题，使得辽代的畜牧业的发展一度出现了停滞甚至倒退。多亏萧陶隗（wěi）的工作和建议，才制止并扭转了畜牧业下降的趋势，使辽代的畜牧业得以继续发展。

萧陶隗的六世高祖辖特曾在辽初当过宰相。道宗耶律洪基咸雍初年（1065）任马群太保。一看官名，就知道这是一个负责群牧的官员。后来，萧陶隗发现，到了他上任负责群牧的时候，"群牧"这项行之有效的发展畜牧业的方法，已经名存实亡了。因为负责群牧工作的官员不负责任，马匹出现有病、死亡等情况，也不如实上报，更不予以治理。并且，各级官吏都采取欺上瞒下的办法，不向上反映真实的情况。因此，账上的马匹数，与实际拥有的数量相差悬殊。

他决心要解决这个问题。萧陶隗深入到马群中，了解马群的实际情况。他又查阅了全部马群的账目，把那些已经病弱不堪的马匹从账册上清除掉，让账实相符。

然后，他又上书皇帝，报告了真实情况及自己的主张。他在上书中谈到实际情况时说："马群以少为多,以无为有,上下相蒙,积弊成风"。他建议,应该在表册上反映真实的数字,建立确切的账目作为依据。这样作,对公对私都有好处。道宗予以同意。

经过这次整顿,群牧又繁盛起来。到了大安二年(1086),经过了二十年的发展,马群又发展到上百万匹。道宗奖励了各级群牧官,还给他们晋了级。到天祚帝初年(1101),辽国朝廷控制的马匹,已经有数万群,每群不下千匹,就是说辽朝已经拥有上千万匹的马。

萧陶隗为辽代畜牧业的发展作出了重大贡献。他却受人诬谄,得病而死。

(《辽史·萧陶隗传》
《辽史·食货志》等)

韩延徽教民垦艺 治国安邦

契丹所以能够在较短的时间里,从游牧经济转换成亦农亦牧的经济并进而逐渐发展成以农业为主的经济,固然与契丹族自身的要求和努力分不开,但也同一些汉族知识分子对契丹族的帮助分不开。韩延徽就是帮助契丹建立政治体制并发展经济的一位重要人士。

韩延徽是唐末的人，原来家住幽州安次县（今河北省安次县西）。父亲韩梦殷是晚唐的蓟、儒、顺三州（分别在今北京市的西北、北和东北面）刺史。韩延徽自幼聪明，被选为官，后来作到幽州观察度支使。有一次他被派到契丹为使。在谈判过程中，他寸步不让，激怒了辽太祖耶律阿保机，阿保机把他扣留下来，不准回国。

太祖皇后述律氏知道此后以后，对太祖说道，这个人不肯屈服，是因为他受了唐朝的派遣，这是他忠诚的表现，有什么理由监禁屈辱他呢？太祖觉得皇后说得有道理，就把他放了，并同他进行了一次热烈的交谈。交谈中，韩延徽说的话，辽太祖感兴趣，太祖便要求他留在契丹，参与契丹的政务。韩延徽受到太祖的信任，积极性也很高。这时候，就连打着唐朝旗号的后唐也已经支持不住，很快就要亡国了。在中国的北方、契丹的南方，正是后梁的天下，处在五代十国的时期，社会动荡不安，韩延徽也无处可奔，就留在了契丹，正赶上太祖要攻伐位于契丹西方的党项和北方的室韦，由于韩延徽提出了不少宝贵的建议，没用多大力气，就使这两个少数民族臣服了契丹。自此，太祖对韩延徽是越来越信任，越来越重视。

韩延徽作为汉族的知识分子，比较了解唐朝和中原发达地区的国家机构建制的情况以及他们统治国家和民众的方法，他建议辽太祖建设城廓，在城里建设市民的居住区，这样就可以让投降或者逃亡到这里来的汉族人留下来，这些人会种田，有些人还会各种手工技术，这都是契丹人很需要的。对于那些还没有家室的人，可以帮他们选择配偶，建立家庭，使他们安心地在这里从事生产。

更重要的，是韩延徽还让这些汉人在这里发展农业生产，开垦荒地种植谷物，这等于是给契丹人发展农业生产作出了示范，对促进契丹农业生产的发展起了很大的作用。另一方面，由于中原地区的纷乱，很多汉族人愿意在这里定居。大批的汉人到来和定居在这里，带来了先进的生产技术和生产经验，对契丹经济的发展起了很大的作用。

韩延徽还帮助辽太祖建立起了许多国家典章制度，这对缺少立国经验的辽太祖来说是至关重要的。特别是这些制度进一步促进了契丹经济的发展。

有一次，韩延徽想家了，就从契丹逃回中原后唐，后唐也给了他一个官做。但是在那苟延残喘的后唐朝廷里，将领之间互相忌妒，使他无法容忍，他又重新回到契丹。太祖听说韩延徽回来了，乐不可支。太祖问他：为什么要逃回中原，为什么又回来了？他回答说：忘记爹娘是不孝，忘记君王是不忠。臣虽然逃回中原，但臣的心还在陛下这里，所以臣又回来了。

韩延徽走了已后，太祖像失魂落魄了似的，连作梦都梦见韩延徽，所以韩延徽回来以后，使他非常兴奋。他还赐给韩延徽一个名子叫匣列，在契丹语中是归来的意思。还封他为鲁国公。太祖把他视为佐命功臣之一。

（《辽史·韩延徽传》《辽史·食货志》等）

铎鲁斡不满子聚财

耶律铎鲁斡，字乙辛，是辽代重臣。他在辽朝任官多年，开初曾担任同知、招讨使等职，辽道宗大安五年（1089），任南府宰相，一直到寿昌初年（1095）致仕回乡，前后任宰相之职有五六年。

耶律铎鲁斡虽然身居要职，却廉洁节俭，重义轻财，从来就不聚敛财物。他当官的时候，所到之处，政声都很好，属下的官吏、百姓对他既敬畏，又爱重。他退休回乡家居后，仍然丝毫也没有改变其重义轻财的品格。

耶律铎鲁斡的儿子耶律普古担任乌古部节度使，见父亲已退休，便派人去接父亲到自己任所同住。耶律铎鲁斡因退休后家居无事，便欣然前往。他来到耶律普古的官衙中，见儿子积聚了许多的财物，不禁对之大为不满。耶律铎鲁斡语重心长地对儿子说："你离开亲人出来做官，应当力图使国家昌盛富裕，百姓安居乐业。现在你做事不从正道，不能一心为国为君，而是贪图财富，你实在是辜负了我对你的殷切期望！"因为不满

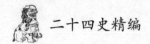

于耶律普古的所作所为，耶律铎鲁斡不肯住在儿子那里，仍然命来时的车驾将他载回家中。

耶律普古却听不进父亲对他的忠告，仍然执迷不悟，后来终于被强盗所杀。他贪图财物，终于为财物而丢了性命，结局何其悲惨。如果耶律普古好好听从父亲的教诲，肯定不会落得如此下场。

（《辽史·耶律铎鲁斡传》）

人物春秋

谋略宏远　料敌精准——耶律休哥

耶律休哥，字逊宁。休哥少年时就具有三公和辅相的才识和气度。当初乌古和室韦二个部落叛乱，休哥跟随北府宰相萧干征讨他们。应历末年，任惕隐。

乾亨元年，宋军进攻燕州，北院大王奚底、统军使萧讨古等兵败失利，南京被围困。皇帝命令休哥代替奚底，率领五院军前去援救。在高梁河与宋军大部队遭遇，他与耶律斜轸分兵为左右二翼，击败宋军，追杀三十余里，斩首一万余级，休哥身负伤有三处。次日清晨，宋军主帅逃去，休哥受伤不能骑马，便乘一辆轻车一路追到涿州，没赶上敌军就回来了。

这年冬天，皇帝命令韩匡嗣、耶律沙讨伐宋，以报复宋军包围南京之役。休哥率本部兵马跟从韩匡嗣等人在满城作战。第二天正要再次开战，宋人请降，匡嗣相信。休哥说："宋军部伍整齐，兵锋正锐，一定不会轻易屈服，这只是诱骗我们罢了，应当严阵以待。"匡嗣不听。休哥率部登上高处观察敌情，一会儿，大批宋军赶到，击鼓呐喊，快速进击，匡嗣仓促不知所措，士兵们丢弃了大旗、战鼓而逃散，辽军失败。休哥指挥本部完整的队伍出击，宋军才撤退。皇帝下诏任命他总领南面戍兵，封为北院大王。

第二年，皇帝亲自出征，包围了瓦桥关。宋军前来援救，瓦桥关守将张师率兵突围而出，皇帝亲自督战，休哥斩杀张师，余下的宋兵又逃回关里。宋军在河水南面摆开阵势，将要交战时，皇帝看到唯独休哥的战马和铠甲都是黄色的，担心被敌军认出，就赐给他黑甲、白马换了下来。休哥率领精锐骑兵渡河，击败了宋军，一直追到莫州。杀得尸首堆满于道路，羽箭用光，生擒了宋军几员战将回来献给皇帝。皇帝十分高兴，赏赐给他御马、金盂，并慰劳他说："你的勇猛超过了你的名声，假若人人都像你一样，还担忧什么不能被攻克?"回师后，授予他于越的称号。

圣宗即位后，太后临朝掌权，命令休哥总督南面军务，并授予他临机处置的权力。休哥平均安排了各地戍兵，设立更休法，奖励农业生产，整治武备，边境一带呈现出一派安定繁荣的景象。统和四年，宋军再次进攻，他们的将领范密、杨继业兵出云州；曹彬、米信兵出雄州、易州，夺取了歧沟、涿州，攻陷了固安并屯兵驻守。当时，北南院、奚部的部队没有赶到，休哥兵单将寡，不敢出战。夜间派轻装骑兵出没于两军交界地带，捕杀单个和老弱的宋兵来威吓其他人；白天则用精锐士兵虚张声势，使宋军忙于应付防守，借此消耗他们的战斗力。又在树林草丛中设下伏兵，阻截宋军的粮道。曹彬等人因为粮草供应不上，退保白沟，一个多月后，再次赶来。休哥派轻骑兵迫近他们，趁他们临时休息吃饭时，击杀那些离开队伍单独出来的人，一边战斗一边退却。因此宋军自救不暇，就集结成方阵，在队伍两侧边挖战壕边行进。士兵渴了没有水喝，就趴在烂泥塘边喝水，如此行进四天才进抵涿州。听说太后的军队赶到，曹彬等人冒雨而逃。太后增派精锐的士兵，追赶上了他们。宋军精疲力竭，就把兵车联在一起依托据守，休哥包围了他们。晚上，曹彬、米信率数骑逃走，其余的宋军全都溃散。休哥追到易州东边，得知宋军还有数万人马，正在沙河岸边升火做饭，休哥当即指挥部队前往进攻他们。宋军望见尘土飞扬便四处逃散，掉下河岸相互践踏而死的人超过一半，尸首把沙河水都堵塞住了。太后回师，休哥收殓宋兵尸体筑成一座大墓，以示军功，被封宋国王。

休哥再次上书说，可以乘宋朝衰弱，南下攻略，使黄河成为宋、辽的边界线。此书奏上后，没有被采纳。等到太后南下征伐，休哥担任先锋，在望都击败了宋军。当时宋将刘廷让率领数万名骑兵并海而出，与李敬源约定会师，扬言要攻取燕州。休哥听说后，首先派兵扼守住宋军所要经过的要害之地。等到太后率大部队赶到，休哥与宋军交战，杀死李敬源，刘廷让逃向瀛州。七年，宋朝派刘廷让等人乘夏季大雨天气前来攻打易州，诸将对他非常畏惧。只有休哥率精锐士兵在沙河北侧迎头拦击，打死打伤了数万人，缴获辎重不可胜计，进献给朝廷。太后称赞他的功劳，下诏令他今后入朝不必行跪拜之礼，不用称名。自此以后，宋军不敢北上。当时宋朝人想止住小孩子啼哭，就说："于越来了！"

休哥认为燕州的人民穷乏困苦，便减免租赋和徭役，抚恤孤寡人家，告诫戍兵不要侵犯宋朝边境，即使是牛马跑到北面来也要全部送还过去。远近的人民仰慕他的教化，边僻之地得以安宁。十六年，休哥去世。这天晚上，天降大雨，树木结冰。圣宗下诏在南京为他立祠。

休哥谋略宏大深远，料算敌情如有神助一般。每次作战胜利，常常把功劳推让给手下诸将，所以将士们都乐意为他效力。他身经百战，从未杀一个无辜的人。

学识广博　贯通经史——韩企先

韩企先，燕京人。九世祖韩知古，在辽朝做官，为中书令，移居柳城，世代富贵显赫。乾统年间，韩企先考中进士，盘旋留滞，不得进用。都统完颜杲平定中京，提拔韩企先为枢密副都承旨，逐渐升为转运使。完颜宗翰任都统经营治理山西时，上表让韩企先代理西京留守。太宗天会六年，刘彦宗去世，韩企先代替他担任同中书门下平章事、知枢密院事。七年，升任尚书左仆射兼侍中，封为楚国公。

起初，太祖平定燕京，开始用汉官赏赐左企弓等人，在广宁府设中书省、枢密院，而朝廷的宰相则用女真自己的官号。太宗初年，没有什么改变。等到张敦固被处死，把中书省、枢密院移到平州，蔡靖献燕山之地投降，又移到燕京，凡是汉人地区选任官职、征调租税等事，都由燕京中书省和枢密院根据朝廷的命令进行管理。所以从时立爱、刘彦宗到韩企先等人在任宰相时，他们的职掌大体上都是这样。斜也、宗翰主持国政，建议太宗改革女真族的传统制度，采用汉人的官制。天会四年，才开始确定官制，设置尚书省以下各级官署机构。

天会十二年，任命韩企先为尚书右丞相，召他到上京。这时，朝廷正讨论礼仪制度，改革以前旧的规章。韩企先学识广博、贯通经史，了解前代旧制，有的继承，有的更改，都使之调和中正、没有偏颇。韩企先做宰相，每次都要选拔有才能的人出任官职，专门以培植和奖掖晚辈后生为自己的责任。推荐读书人，鉴别人才，一时间台省多由有德行的君子担任官职。弥补政事的缺漏和不足，在进行秘密的策划和公开的谏劝时，必定向诸王征求意见。宗翰、宗翰都很敬重他，当时的人称他为贤明的宰相。

熙宗皇统元年，韩企先被封为濮王。六年，韩企先去世，终年六十五岁。海陵王正隆二年，降封为齐国公。世宗大定八年，诏令韩企先配享太宗庙庭。

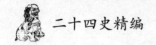

　　大定十年，司空李德固的孙子李引庆请求继承他祖父的猛安爵号。世宗说："李德固没有什么功劳，他的猛安称号姑且空缺。汉人宰相只有韩企先最为贤明，其它人比不上。"十一年，将在衍庆宫画功臣像时，皇上说："丞相韩企先，本朝的典章制度多是由他制定的，至于处理和决定国家大事，都与大臣们谋划商议，不让外人知道，所以没有人能够知道他的功劳。前后汉人宰相中没人能比得上他，把他安置在功臣像里面，也足以昭示和勉励后人。"十五年，赐韩企先谥号为"简懿"。

金

史

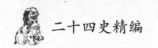

《金史》概论

　　《金史》一百三十五卷，元朝脱脱等奉敕编纂。全书本纪十九卷，志三十九卷，表四卷，列传七十三卷，共计一百万字左右，是研究金代历史最基本、最重要的史料。

一

　　金朝是中国历史上由女真族建立的一个封建王朝。从十二世纪初建立到十三世纪初被蒙古族建立的国家灭亡，历十帝一百二十年。金朝在中国历史的发展过程中占有重要地位。金朝从建立之时起，就与中原的赵宋王朝保持交往，其后二国之间有战争也有和平。金朝统治者十分重视文化，尤其是注意吸取汉文化。在这个过程中，金朝统治者曾经效法中原汉族王朝，建立并健全修史制度。金朝有记注院，掌修起居注；秘书监所属有著作局，掌修日历；还有国史院，掌修实录和国史。金代官修的各类史书中，以实录的修纂最为完备，从太祖阿骨打以下至宣宗各帝，均有实录，只有卫绍王和哀宗未及修成。除此之外，还有记载金朝先世的《先朝实录》三卷。实录之外，还修有国史，包括历代皇帝本纪和功臣列传等。

金宣宗南迁时，将实录等文献资料带到汴京。蒙古与南宋联合灭亡金朝后，由于张柔和王鹗等人的努力抢救，部分文献资料得以保存下来。张柔是依附于蒙古政权的地方军阀，参与蒙古军攻打汴京的战争。汴京被攻陷时，张柔不取金帛，独自进入史馆，收取金朝实录和秘府所藏图书。这批珍贵的资料一直保存在元朝的史馆内。忽必烈即帝位前，广泛招集汉族知识分子，为自己的统治出谋划策，王鹗位在其中，忽必烈即帝位后，授王鹗为翰林学士承旨。王鹗向忽必烈建议说："自古帝王得失兴废，班班可考者，以有史在。我国家以武定四方，天戈所临，罔不臣属，皆太祖庙谟雄断所致。若不乘时纪录，窃恐岁久渐至遗忘。金实录尚存，善政颇多；辽史散逸，尤为未备。宁可亡人之国，不可亡人之史。若史馆不立，后世也不知有今日。"忽必烈采纳了他的意见，"命国史附修辽、金二史"。但此时庶事草创，戎马倥偬，忽必烈心有余而力不足。三年之后，王鹗再次提出修撰辽金二史，仍没有结果。元朝灭亡南宋后，在半个多世纪里，又曾三次下诏修纂宋、辽、金三史。但因正统问题争论不休，迟迟没能进行。直到元朝最后一个皇帝顺帝至正三年（1343），才正式开局纂修。中书左丞相脱脱为都总裁，总裁官有欧阳玄、张起岩、揭傒斯等人。脱脱确定三史各为正统，各系其年号，使这一争论很久的问题得到了解决。至正四年（1344）三月，《辽史》完成后不久，脱脱罢相，新任丞相阿鲁图继任主持修撰，次年十一月，《金史》修成，由阿鲁图领衔进呈。

《金史》的编撰，大体由纂修人员撰成初稿，然后进呈总裁，由总裁笔削裁定。总裁是《金史》编修的高级官员，为都总裁的主要助手，具体组织编修，以确定选材、编例、润笔等事。《金史》设总裁八人：铁木儿塔识、贺惟一、张起岩、欧阳玄、揭傒斯、李好文、杨宗瑞、王沂。《金史》在短期内顺利成文，与八位总裁官的作用密切相关。铁木儿塔识，精通儒理之学，尽心竭力搜罗天下贤士，积极为三史修纂出谋划策。驾惟一，积极主张尽早结束关于正统问题的论争，投入人力物力财力纂修三史。张起岩，潜心钻研金朝历史，熟悉金源故实，又精通宋代理学，对编修中的错误，多能及时据理改定。欧阳玄，顺帝下诏修撰金史等三史，他被召为总裁官，创立三史凡例，作为编修者的依据，纂修者的议论不公正、感情用事之处，他亲笔改正；书中论、赞、表、奏，多系其亲自动笔写成，《金史》等三史修成，其功居多。揭傒斯，主张修史在于用人，重视史法和史意，在三史编修中，毅然以笔削自任。政事得失、人才贤否必定求得公正。遇到不详之事，必定反复辩论，考证源流。李好文，至正四年以礼部尚书的身份参与编修三史，任金、宋二史的总裁官，授为治书侍御史，掌史事。杨宗瑞，曾领修《经世大典》，至正时总裁宋、金二史。王沂，除纂修《辽史》外，又任宋、金二史总裁官，他多居文字之职，庙堂之作，多出其手。

总裁官在《金史》成书过程中作用和贡献不小，但参加具体写稿的史官的作用和贡献不可忽视。《金史》的编撰者，共有六人：沙剌班、王理、伯颜、赵时敏、费著、商企翁。他们都有较高的经史或文学修养，学有专长，为《金史》的纂修付出了不少的心血。

二

《金史》与《辽史》、《宋史》同时开始编纂，成书略晚于《辽史》，而早于《宋史》，在三史当中，《金史》是较好的一部。这与资料的充足有密切关系。

《金史》主要取材于金朝实录、刘祁的《归潜志》和元好问的《遗山文集》、《中州集》和《壬辰杂编》等。

《金史》所依据的史料书籍，有些今已不存，赖《金史》保存了其中的一些材料，《金史》因而显得珍贵。

元修三史，《辽史》简略粗糙，《宋史》杂芜繁乱，《金史》相对来说修得较好。《金史》不仅记载了金朝一百二十年的历史，还记述了金朝建立前的女真族早期发展史。女真早期历史的资料十分缺乏，《金史》所记的这部分资料十分珍贵。在编纂体例上，这部分资料被《金史》编撰者作为"世纪"列在本纪之前，专述金太祖先世的生平事迹，仍以纪传体的形式，追述建国前的女真族历史。

在编纂体例上，《金史》最富创建性的是在本纪末尾又列《世纪补》一篇，用来记述金朝历史上未曾称帝而为后代追认的几位皇帝的事迹。它既有别于《本纪》所记载的正式登基的皇帝，而又不失被追认之后的皇帝身分，处理得十分得当。这种独有的编纂体例，又为后代修史者所承继。

在总体设计上，《金史》没有出现《宋史》那样详北宋略南宋的不合理布局，而是做到详略得当，重要人物、事件、制度一般都较为详细，能够反映出某一历史现象的基本面目。该书的志和表，记载较为全面、系统，使用了大量的原始资料，使得一代典章制度得以再现，具有较高的史料价值。《金史·交聘表》是其首创的一种编纂形式，它采用编年体的修史方法，而用表格的方式记述金朝与邻国的战和关系。表格将宋、夏、高丽并列，易于相互参照，了解同一时期金朝周边关系的情况，是研究宋、夏、金相互关系的重要参考史料。

《金史》也存在一些错误和缺点。一是语多掩饰、虚妄。如《纥石烈牙吾塔传》记其为侵宋战争的主帅，所向无敌，战功卓著，而实际上他是"无功而还"；二是体例编次欠当，有些该立传的没有列传。如金初大将韩常，与另一名将宗弼共事，累有战功，《金史》上却没有他的传。金太祖阿骨打抗辽建国，得到杨朴的帮助甚多，事见《辽史》，而《金史》无传。崔立杀宰相、劫后妃等，以汴京降蒙古，按旧史家的观点应列入叛臣、逆臣传中，而《金史》却将其与"功臣"同卷，显属编次失当；三是人名错讹，互相歧异。如宗杰，太祖之子，目录列本名木里也，而卷六十九本传作没里野。宗望，卷七十四作斡离不，又名斡鲁补，《礼志》作斡里不，等等。这些译名的不统一，造成了许多混乱，而且常与《辽史》、《宋史》、《元史》相互歧异。

尽管《金史》有上述不足，但它不仅提供了金朝历史的基本资料，更辑佚和保存了众多的金朝文献，它在中国史学史上的地位和价值不容忽视和否定。

《金史》修成后多次刊行。元代初刻本今存八十卷，此外有元复刻本、明南监本、北监本、清殿本等。1975年中华书局出版的点校本《金史》，以百衲本为底本，充分吸收了前人整理校勘的成果，是目前最好的版本。

三

《金史》本纪第一卷是《世纪》，记载金始祖函普到康宗乌雅束的世系，简要介绍了世居白山黑水之间的女真族由原始社会后期进入阶级社会，由各部纷争的混乱局面走向统一、逐渐强盛的历史过程。这段历史表明，女真族过着不定居的漂泊的生活，到后来逐渐发展到耕垦种植，建筑居室。女真族同时由无文字、无书契、无约束发展到"稍以条教为治，部落浸强"。女真族已经由迁徙不常的渔猎和游牧生活发展到半渔猎半农耕的生活。以后各卷，依次记载了金太祖、太宗、熙宗、海陵王、世宗、章宗、卫绍王、宣宗、哀宗等九朝的历史。其中太祖本纪记载了金太祖完颜阿骨打统一女真各部，设置猛安谋克制度，建立奴隶制国家，颁行女真文字，战胜并攻灭辽朝等重要史实。太宗本纪主要记载金太宗继续开展对辽、宋的战争，擒获辽天祚帝，灭亡北宋，掳获徽、钦二帝，并进一步南下侵掠宋朝。在继续扩大侵略战争、拓展金朝领土的过程中，金朝的政治、军事、经济制度也随之相应得到改变和发展。熙宗本纪反映了废除女真旧制，采用汉制等政治改革，统治集团内部争斗日趋激烈，各族人民的反抗斗争相继发生。海陵王本纪，主要记载了金朝进一步改革政治制度，任用汉人，采用汉制，推行封建化，并再次发动侵略南宋的战争，镇压各族人民的起义。世宗本纪和章宗本纪是《本纪》部分最详者，记载了金朝统治者争取各贵族的支持，巩固统治，完成封建化进程，农业、牧业、手工业、商业得到较大发展。随着封建剥削的加强，农民起义相继发生，民族间的融合与战争交替进行，土地兼并严重，社会矛盾尖锐，社会经济呈现衰落的趋势。卫绍王、宣宗、哀宗本纪主要记载金蒙战争，统治集团内部互相倾轧诛杀，红袄军等各族人民反金抗蒙斗争的情况。

金太祖完颜旻、海陵王完颜亮、世宗完颜雍等都是金朝历史上的杰出人物。完颜旻以其卓越的才能，促进女真民族的最后形成，并完成了氏族制向奴隶制进化的历史过程，建立了金朝奴隶制国家，这是金朝历史发展的第一次飞跃。完颜亮和完颜雍当政时期，随着政治上和军事上的向南渗透，金朝面临着必须适应中原地区较高"经济情况"的历史选择，世宗在海陵王所奠定的封建化进程的基础上，基本上完成了向封建化转化的历史过程，这是女真族发展史上的第二次飞跃。太祖完颜旻是金朝的开基人，对女真族历史的发展起了重要作用。在女真部落联盟的建立、巩固和发展过程中，年轻的阿骨打（太祖）的军事、政治才能受到女真首脑人物的赏识，加之他善于处理女真内部的各种矛盾，得到女真族人民的拥戴，在女真统一民族形成过程中，终于成长为一个智勇双全的英雄人物。他顺应女真人反抗奴役的要求，积极组织反抗辽朝压迫的斗争，取得一个又一个的胜利，并不失时机地建立了民族国家，使女真族由一个弱小民族变为东北地区首屈一指的强大民族。为了适应对辽作战和巩固国家政权的需要，金太祖对脱胎于氏族制的女真社会进行了一系列的重大改革。金太祖在奠定开国规模和改革过程中，十分注意学习先进的汉族文化和录用汉化很深的知识分子。《金太祖完颜旻本纪》较全面地叙述了上述情况。

海陵王完颜亮是金朝的第四任皇帝。他弑君为帝，力除异己，锐意改革，善用人才，加速了女真族社会发展进程。后来发动不得人心的侵宋战争，败亡江南。在位期间，他加强中央集权，下令废除设置在燕京和汴京的行台尚书省，消除金朝发源地与新近征服的辽、宋地区的差别，使政令统一于中央朝廷。又实行"正隆官制"，使之成为金朝一代定制。他是一位知书明礼、文武具备的颇有远见的君主。为了消除统治阶级内部夺权的隐患，他大批镇压女真族和宗室大臣，联合各族上层势力共同维护金朝的统治。他还改革科举制度，大力选拔人才和官吏。在经济上，他积极推行封建化措施，把女真人南迁，统一币制和财权。力排众议，迁都燕京，完成了封建化进程中具有决定性的一步。几百年来，人们对完颜亮的看法褒贬毁誉，大相径庭，有人说他是历史上最凶狠、奸诈的无道暴君，有人说他英锐有大志，是金朝历史上杰出的政治家。《海陵王完颜亮本纪》将提供给读者一种意见。

宗弼、宗望、宗翰等是金朝初年著名军事将领。在抗辽侵宋战争中，他出生入死，为女真贵族灭亡辽朝、入主中原立下了汗马功劳。宗弼，即兀术，金太祖阿骨打的第四子，起初跟随宗望、宗翰等人攻宋，1129年任统帅，渡过长江，追南宋高宗入海，第二年被韩世忠阻击于长江黄天荡，相持四十余天，才得渡江退回。不久，被调往陕西，与张浚大战于富平，苦战后勉强获胜。以后连年进攻秦岭北麓一带，都被吴玠击退。金熙宗时，任都元帅，撕毁挞懒等主持的和约，于1140年重新发动侵宋战争，进兵河南，受到岳飞、刘锜等军的阻击，后终于掠取秦岭、淮河以北的土地。阅读这些将领的传记，可以更清楚地了解金朝统治者的扩张政策。

王若虚、元好问等都是金代著名的文学家。王若虚论文主张辞达理顺，于诗反对模拟雕琢，推崇白居易、

苏轼，对黄庭坚及其江西诗派深表不满。王若虚著有
《五经辨惑》等，对汉、宋儒者解经之谬及古文、古书
的错讹颇有批评。元好问工诗文，在宋元之际颇负众
望，诗词风格沉郁，并多伤时感事之作。元好问所著
《论诗》绝句三十首，崇尚天然，反对柔靡雕琢，在文
学批评史上颇有地位，他的《遗山集》和《中州集》
对元修《金史》起过重要作用。

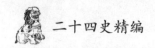

政　略

金太祖定国名

上^①曰:"辽以宾铁^②为号,取其坚也。宾铁虽坚,终亦变坏,惟金不变不坏。金之色白,完颜部^③色尚白。"于是国号大金,改元收国^④。

(《金史·太祖本纪》)

【注释】

①上:指金太祖完颜阿骨打(公元 1068—1123 年),公元 1115 年称帝,建国号大金。②宾铁:纯精之铁,亦即所谓镔铁。③完颜部:女真族部落之一,是女真宗室形成的中心。④收国:金国第一个年号,起于公元 1115 年,止于公元 1116 年。

【译文】

金太祖说:"辽国以宾铁为称号,是取其坚硬之意。宾铁虽然坚硬,但最终也会变锈,而只有金才不会变锈、坏损。金

的颜色是白色，而我们完颜部落在颜色上又崇尚白色。"于是，以大金作为国号，并改皇帝年号为收国。

完颜伯嘉之谏

礼部郎中抹捻胡鲁剌①以言事忤旨，集五品以上官显责之。明日，伯嘉②谏曰："自古帝王莫不欲法尧、舜而耻桀、纣，盖尧、舜纳谏，桀、纣拒谏也。故曰'纳谏者昌，拒谏者亡'。胡鲁剌所言是，无益于身；所言不是，无损于国。陛下廷辱如此，独不欲为尧、舜乎。……"

（《金史·完颜伯嘉传》）

【注释】

①抹捻胡鲁剌：人名。②伯嘉：即完颜伯嘉，字辅之，明昌二年（公元 1911 年）进士，曾任中都左警巡判官、莒州刺史、留守、节度使、元帅左监军、宣抚使等职，元光二年（公元 1223 年）卒。

【译文】

礼部郎中抹捻胡鲁剌因为进言之事对金宣宗的旨意有背，宣宗便召集朝中五品以上的官员公开责骂他。第二天，完颜伯

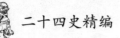

嘉向宣宗进言道:"自古以来,帝王没有不想效法尧、舜而耻桀、纣的,这大概是因为尧、舜能够接受谏言,而桀、纣拒绝规劝的缘故。所以说'接受劝谏的君王使国家昌盛,拒绝批评的君王使国家衰亡'。抹捻胡鲁剌所讲的如果正确,对他自己也没有什么利益;他所讲的如果不正确,对国家也没有什么损害。陛下您在朝廷这样责骂他,难道您偏偏不想当尧、舜吗?……"

杨云翼医谏

云翼尝患风痹①,至是稍愈,上②亲问愈之之方,对曰:"但治心耳。心和则邪气不干,治国亦然,人君先正其心,则朝廷百官莫不一于正矣。"上瞿然③,知其为医谏也。

(《金史·杨云翼传》)

【注释】

①"云翼"句:云翼,即杨云翼,字之美,明昌五年(公元1194年)进士,曾任判官,太常寺丞、按察司事、吏部郎中、礼部侍郎、御史中丞、礼部尚书等职。风痹,病名,即今所谓中风。②上:指金哀宗完颜守绪(公元1193—1234年),女真名守礼。③瞿(jué)然:惊视貌。

金 史

【译文】

　　杨云翼曾经得了中风，到了这时稍有好转。金哀宗亲自询问使病好转的药方，他回答说："我只是疗治心罢了。心中平和，邪气就无法干扰。治理国家也是这样。君主首先使自己的心端正，那么朝廷的文武百官就没有谁不归于正直了。"金哀宗听后，惊讶地看着他，心里明白他这是借病事来劝谏自己。

承晖论捕盗之法

　　山东盗贼起，……犹往往潜匿泰山岩穴间。按察司请发数万刊除林木，则盗贼无所隐矣。承晖①奏曰："泰山五岳之宗，故曰岱宗。王者受命，封禅告代②，国家虽不行此事，而山亦不可赭③也。齐人易动，驱之入山，必有冻饿失所之患，此诲盗非止盗也。天下之山亦多矣，岂可尽赭哉。"议遂寝。

（《金史·承晖传》）

【注释】

　　①承晖：金官员，字维明，本名福兴，金世宗至宣宗时曾任笔砚直长、侍司直长、右警巡使、近侍局长、兵部侍郎、提刑副使、节度使、右丞相等职。②封禅告代：古代帝王在泰山

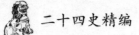

上筑坛祭天称"封"；辟基祭地称"禅"。告代，此谓祝祷皇位的交替。③赭：红色。此谓以火焚烧。

【译文】

山东地区盗贼扰民，……还常常逃到泰山的岩洞、树林中躲藏起来。按察司请求调发几万人到山上砍掉树木，以使盗贼失去藏身之地。承晖奏报朝廷说："泰山是五岳之尊，所以又称岱宗。侯王接受任命，帝王祭祀天地、祝祷王位交替，都要在泰山举行仪式。国家即使不举行这类仪式，但也不能在泰山上砍烧林木。齐人（山东人）容易作乱，而把他们赶入山中，他们必然会有挨冻受饿的灾祸，这样，便是唆使人当盗贼，而不是制止盗贼出现。全国的山林那么多，难道能全部烧掉吗？"于是就放弃了烧山的动议。

金世宗论为政之道

丙申，尚书省进"皇太子守国宝"，上①召皇太子授之，……皇太子再三辞让，以不谙政务，乞备扈从②。上曰："政事无甚难，但用心公正，毋纳谗邪，久之自熟。"皇太子流涕，左右皆为之感动。皇太子乃受宝。

（《金史·世宗本纪》）

【注释】

①上：指金世宗完颜雍（公元 1123—1189 年）。②扈从：侍从帝王出巡。

【译文】

（大定二十四年三月）丙申日，尚书省将"皇太子守国宝"进献给了世宗，世宗召见了皇太子，并将守国宝授给他。……皇太子再三推辞，并以不熟悉朝政事务为由，请求为世宗作保驾的侍从。世宗说："处理政务并不太难，只要用心公正，不听信谗言，时间长了就自然熟练。"皇太子感动得流下了眼泪，身旁的大臣们也为之感动。皇太子于是接受了守国宝。

金章宗学议

戊寅①，上②问辅臣："孔子庙诸处何如?"平章政事守贞曰："诸县见议建立。"……夏四月癸亥③，敕有司，以增修曲阜宣圣庙工毕，赐衍圣公以下三献法服及登歌乐一部④，……己巳，以温敦伯英言，命礼部令学官讲经。

（《金史·章宗本纪》）

【注释】

①戊寅：此指金章宗明昌五年（公元1194年）闰十月戊寅日。②上：指金章宗完颜璟（公元1168—1208年），女真名麻达葛，金世宗之孙。③四月癸亥：此指明昌六年（1195年）四月癸亥日。④"赐衍圣公"句：衍圣公，是宋仁宗对孔子后裔的封号。三献，古代祭祀时献酒三次，第一次称初献爵，二次称亚献爵，三次称终献爵。法服，指礼法规定的服饰。

【译文】

戊寅日，金章宗问辅臣们说："建孔子庙的事各地进展得怎样？"平章政事守贞答道："各县正在拟议建立孔庙之事。"……夏季四月癸亥日，金章宗命令有关官吏说，在增建曲阜宣圣庙的工程完结后，赐给孔子后裔衍圣公三献祭祀时所穿的法服，以及升堂奏歌所用的乐器一部。……己巳日，依照温敦伯的建议，金章宗命令礼部令学官讲授儒家经典。

御 人

金世宗不举亲

尚书省①奏，拟同知永宁军②节度使事阿可为刺史，上③曰："阿可年幼，于事未练，授佐贰官可也。"平章政事唐括安礼④奏曰："臣等以阿可宗室，故拟是职。"上曰："郡守⑤系千里休戚，安可不择人而私其亲耶。若以亲亲之恩，赐与虽厚，无害于政。使之治郡而非其才，一境何赖焉。"

（《金史·世宗本纪》）

【注释】

①尚书省：官署名。②永宁军：治所在今河北省蠡县。③上：指金世宗完颜雍（公元1123—1189年），女真名乌禄，金太祖之孙。④唐括安礼：人名。⑤）郡守：官名。此指刺史之职。

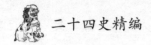

【译文】

尚书省奏报说，准备让同知永宁军节度使事完颜阿可担任刺史之职。金世宗说："完颜阿可年青且行事不老练，让他担任副职官就行了。"平章政事唐括安礼禀告说："我们认为完颜阿可是皇族子弟，所以才打算让他任刺史之职。"世宗说："刺史之职关系到千里之内百姓的喜忧福祸，怎么能不选择人才而偏私于皇亲呢？假如出于亲爱自己亲属的感情，赏赐他的东西虽然可丰厚，但不可有害于国政。让他治理州郡，但他又没那种才能，整个辖境的百姓将依靠谁呀？"

辱命受罚

璋①受命使宋，……璋至临安②，宋人请以太子接书，不从。宋人就馆迫取书，璋与之，且赴宴，多受礼物。有司以闻，上③怒，欲置之极刑。左丞相良弼奏曰："璋为将，大破宋军，宋人仇之久矣。将因此陷之死地，未可知也。今若杀璋，或者堕其计中耳。"上以为然，乃杖璋百五十，除名，副使客省使高翊杖百，没入其所受礼物。

(《金史·完颜璋传》)

金 史

【注释】

①璋：即完颜璋，金太祖之侄孙，本名胡麻愈。②临安：今杭州市，时为南宋京城。③上：指金世宗完颜雍（公元1123—1189年）。

【译文】

完颜璋受命出使南宋。……完颜璋到达临安后，宋人请求让宋朝太子出来接受国书，完颜璋不同意。宋朝就派人到宾馆强要国书，完颜璋就给了，并且出席了宋朝的宴会，接受了很多礼物。有关官员把这情况报告了金世宗，金世宗大为恼怒，要对完颜璋处以死刑。左丞相良弼禀奏世宗说："完颜璋做将军时，曾经大败南宋军队，南宋人早就对他恨之入骨了。南宋人想借此机会陷害他，不无可能。现在如果杀掉他，也许就落入了敌人的圈套之中。"金世宗认为良弼说得对，于是杖打完颜璋150下，免除了他的职务，并对副使节客省使高翊也杖打了100下，还没收了他们所收受的礼物。

施宜生泄密受烹

四年冬，为宋国正旦使①。宜生②自以得罪北走，耻见宋人，力辞，不许。宋命张涛馆之都亭，因间以首

93

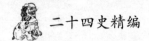

丘③风之。宜生顾其介④不在旁，为廋语⑤曰："今日北风甚劲⑥。"又取几间笔扣之曰："笔来⑦，笔来。"于是宋始警。其副使耶律辟离刺使还以闻，坐是烹死。

（《金史·施宜生传》）

【注释】

①正旦使：贺庆新春的使节。②宜生：即施宜生，字明望。③首丘：本谓狐狸眷恋故土，死后脑袋仍朝着窟穴所在的土丘。后因以称不忘故土或死后归葬故乡。④介：传话的随从人员。⑤廋（sōu）语：隐语。⑥"今日"句：暗示金国将南下攻宋。⑦笔来：与"必来"谐音。

【译文】

正隆四年冬，金朝让施宜生充任出使宋国的正旦使。施宜生自己因为曾在宋国犯罪而投奔北方的金国，所以羞于见到宋国人，于是坚持拒绝，但朝廷不允许。到宋后，宋朝命令张涛安排施宜生住在都亭的客馆，并趁机以归还故土之类的话劝告施宜生。施宜生看自己的随从人员不在身旁，便用暗语向宋人说："今天北风很强大。"又从几桌上拿起笔敲着说："笔来，笔来。"宋朝人于是开始警觉起来。随行的副使节耶律辟离刺出使宋国回到金朝后，将施宜生的行为报告了朝廷，施宜生因此被烹死。

世宗议国书朝事

二十四年，世宗幸上京^①，尚书省奏来岁正旦外国朝贺事，世宗曰："上京地远天寒，朕甚悯人使劳苦，欲即南京^②受宋书，何如？"辉^③对曰："外国使来必面见天子，今半途受书，异时宋人托事效之，何以辞为？"世宗曰："朕以诚实，彼若相诈，朕自有处置耳。"辉以为不可。

（《金史·程辉传》）

【注释】

①世宗幸上京：世宗，即金世宗完颜雍（公元1123—1189年），上京，如今黑龙江省阿城县南。②南京：指今河南省开封。③辉：即程辉，字日新，皇统二年（公元1142年）进士，大定二十三年（公元1183年）任参知政事。

【译文】

大定二十四年，金世宗来到了上京，尚书省奏请有关来年正月初一日外国使者入朝庆贺之事，金世宗说："上京地方偏远，天气寒冷，我十分同情外国使者所受的劳苦，想就在南说接受宋朝的国书，你们认为怎么样？"程辉回答说："外国使者

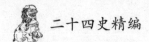

来后必须面见皇上，如今我们在半路上接受别人的国书，日后宋人推辞自己不愿做的事时都会像这样寻找借口，到那时我们怎么办呢？"金世宗说："我以诚实的态度对待宋国，宋国如果对我们进行欺诈，我自会处置他们。"程辉觉得金世宗说的不可行。

金世宗左右不用无能之臣

（宗尹①）乞致仕。世宗②曰："此老不事事，从其请可也。"宰臣③奏曰："旧臣宜在左右。"上曰："宰相总天下事，非养老之地。若不堪其职，朕亦有愧焉。如贤者在朝，利及百姓，四方瞻仰，朕亦与其光美。"宰臣无以对。

（《金史·宗尹传》）

【注释】

①宗尹：金大臣，本名阿里罕。②世宗：即金世宗完颜雍。③宰臣：朝中辅佐君王为政的重臣。

【译文】

宗尹告老请求退休。金世宗说："这位老人家不能干事了，可以批准他的请求。"朝中的重臣们禀奏道："过去的老臣留在

金 史

皇帝旁边比较合适。"金世宗说："宰相总理全国大事，朝中并非养老的地方。如果他不能胜任这一职务，我会感到惭愧。如果是德才兼备的人在朝中主持工作，就有利于百姓，这样，全国各地的人民也会拥戴他，我也可与他一起得到光荣和赞美。"朝中的重臣们听了，也就无话可说了。

熙宗诸色皆用

左丞相宗贤、左丞禀等言①，州郡长吏当并用本国人。上曰："四海之内，皆朕臣子，若分别待之，岂能致一。谚不云乎，'疑人勿使，使人勿疑'。自今本国及诸色②人，量才通用之。"

（《金史·熙宗本纪》）

【注释】

①"左丞相"句：宗贤，金大臣，本名赛里，熙宗时曾任左丞相，兼都元帅等职。左丞，官名，掌监察百官等事，权势极大。禀，即完颜禀，金大臣。②诸色：这里指各民族。

【译文】

左丞相宗贤、左丞完颜禀等人说，各州郡的官吏都应当全部由女真族人来充任。金熙宗说："全国范围之内的人，都是

97

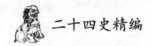

我的臣民，如对他们区别对待，怎么能够达到统一呢！谚语不是说'疑人不用用人不疑'吗？从现在起，对于女真族人及其他民族的人，都应当考察其才能，然后加以任用。

金世宗用才唯能

刘仲洙字师鲁，大兴宛平①人。大定三年②，登进士第。……调深泽③令。……有盗夜发，居民震惊，仲洙率县卒生执其一，余众遂溃，旦日掩捕皆获。寻以廉能进官一阶，……俄转吏部。世宗④谓宰臣曰："人有言语敏辩而庸常不正者，有语言拙讷而才智通达、好心向正者，如刘仲洙颇以才行见称，然而口语甚讷也。"右丞张汝霖曰："人之若是者多矣，愿陛下深察之。"

（《金史·刘仲洙传》）

【注释】

①大兴宛平：即大兴府宛平县，今北京市西南。②大定三年：大定，金世宗完颜雍年号。③深泽：县名，今河北省深泽县。④世宗：即金世宗完颜雍。

【译文】

刘仲洙，字师鲁，大兴府宛平县人。金世宗大定三年，科

举考试中进士。……调任深泽县令。……有一天晚上，由于有夜盗事件发生，县里的居民们被闹得惶恐不安，刘仲洙便率领县衙的吏卒们活捉了盗贼中的一个，其余的盗贼逃跑了。第二天，刘仲洙又带人搜捕，将盗贼全部抓获。不久，刘仲洙因为廉洁而能干，官职被提升了一级，……不久又被调到吏部任职。金世宗对朝中辅政的重臣们说："有的人能言善辩，但能力平庸，心术不正；有的人虽笨嘴拙舌、不善言辞，但才智通达，好心向正。像刘仲洙就是以才智和品行而深受人们称道，但他口齿笨拙，不善讲话。"右丞张汝霖说："像这样的情况多着呢，希望陛下您细心考察后再予以选用。"

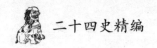

法　制

因时制宜以成一代之法

宗宪①本名阿懒。……兼通契丹、汉字。未冠，以宗翰②伐宋，汴京破，众人争趋府库取财物，宗宪独载图书以归。朝廷议制度礼乐，往往因仍辽旧，宗宪曰："方今奄③有辽、宋，当远引前古，因时制宜，成一代之法，何乃近取辽人制度哉。"希尹④曰："而⑤意甚与我合。"由是器重之。

（《金史·宗宪传》）

【注释】

①宗宪：金景祖之曾孙，金熙宗至世宗时曾任门下侍郎、行台平章政事、中京留守、安武军节度使等职，官至右丞相。
②宗翰：金大将，宗宪之兄。金初任左副元帅。天会四年，攻破太原，又与斡离不会师攻陷东京。天会五年至七年间，任统帅攻宋，久掌兵权。熙宗即位，拜太保、尚书令，领三省事。

③奄：覆盖；包括。此作统一讲。④希尹：金大臣，熙宗时曾
任左丞相等职。⑤而：你。

【译文】

宗宪，原名阿懒。……兼通契丹族、汉族的文字。他未成
年时，曾跟随宗翰付伐南宋。攻破汴京后，许多人都抢先跑到
府库里抢取财物，只有宗宪一人偏偏拿取图书运回家。朝廷讨
论制订政治制度及礼乐制度，经常是沿袭辽国的旧制度。宗宪
说："如今我们得到了辽国、宋国的土地，应当远引古代的制
度，并按照当前的实际情况制定出适宜的制度，以形成我们这
一朝代的法令。我们为你要就近取用辽国的制度呢？"希尹听
后说："你的意见跟我的正好相合。"从此，希尹就很器重
宗宪。

张汝霖执法不严

世宗①召谓曰："卿②尝言，监察御史所察州县官多
因沽买以得名誉，良吏奉法不为表襮③，必无所称。朕
意亦然。卿今为台官，可革其弊。"……时将陵主簿高
德温大收税户米，逮御史狱。汝霖具二法上。世宗责之
曰："朕以卿为公正，故登用之。德温有人在宫掖④，
故朕颇详其事。朕肯以宫掖之私挠法⑤耶？不谓卿等顾

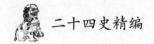

徇如是。"汝霖跪谢。

（《金史·张汝霖传》）

【注释】

①世宗：即金世宗完颜雍，女真名乌禄，公元1161—1189年在位。在位时，内治外和，团结人心，一时号为"小尧舜"。②卿：此指张汝霖，金官员，字仲泽，少聪慧好学，贞元二年，赐进士第，特授左补阙，后任大兴县令、翰林待制、刑部郎中、礼部郎中、转运使、礼部尚书、御史大夫等职。为人甚圆滑，善揣人意。③表襮（bó）：犹言表彰也。④宫掖：古代帝王的嫔妃所居之宫室。⑤挠法：扰乱法令。

【译文】

金世宗召见张汝霖说："你过去曾讲，监察御史所考查的州官和县官，多半由于花钱买通上级而获得了官位和声誉，而奉公守法的好官却得不到表彰、重用，如此一来就必定使官员们不得其所。我的看法也是这样。你如今当了台官，应当革除这些弊端。"当时将陵主簿高德温大肆收纳税户贿赂的大米，被御史逮捕关进了大牢。张汝霖向朝廷陈说了处理高德温的两种方法。金世宗责备他说："我觉得你办事公正，因此才提拔重用你。高德温有熟识的嫔妃在宫掖之中，因此我对他的事情了解得很详细。我怎么愿意由于嫔妃们的私情而扰乱国家的法

令呢？没想到你们会这样地有所顾忌而徇私情！"张汝霖听后，便跪在地上向世宗请罪。

郑建充刚暴招人怨

建充①性刚暴，常畜猘犬②十数，奴仆有罪既答，已复嗾③犬啮之，骨肉都尽。……省部文移④有不应法度，辄置之坐下，或即毁裂，由是在位者衔之。军胥李换窃用公帑⑤，自度不得免，乃诬建充藏甲欲反，皆无状。方奏上，摄事者素与建充有隙，恐其得释，使吏持文书给建充曰："朝省有命，奈何?"建充曰："惟汝所为。"是夜，死于狱中。

(《金史·郑建充传》)

【注释】

①建充：即郑建充，金官员，熙宗天眷年间任平凉尹等职。②猘（zhì）犬：疯狗。③嗾（sǒu）：用口作声指挥狗。④文移：公文。⑤帑（tǎng）：财物。

【译文】

郑建充性情十分暴烈，平时总养着10几条疯狗，对于有罪过的奴仆，他用鞭子抽打过后，还要唆使疯狗噬咬，人的骨肉都被咬食干净。……省部的公文如有不合法度的，他就放在座位之下，有时马上予以销毁，所以，在位的人都对他怀恨在心。军吏李换盗用公家财物，自料不能逃脱郑建充的惩罚，便诬告郑建充私藏兵器，打算反叛，但都无证据。正要上奏朝廷时，办理此案的人平时与郑建充有矛盾，他害怕郑建充被释放，便派官吏拿着公文欺骗郑建充说："朝廷和省部对你的事已有了指示和命令，你看怎办？"郑建充回答："那就听你们发落吧！"这天夜里，郑建充死在了狱中。

金世宗定朝制

移剌杰①上书言"朝奏屏人议事，史官亦不与闻，无由纪录。"上②以问宰相，琚③与右丞唐括安礼对曰："古者史官，天子言动必书，以儆戒人君，庶几有畏也。……人君言动，史官皆得记录，不可避也。"上曰："朕观《贞现政要》④，唐太宗与臣下议论，始议如何，后竟如何，此政史臣在侧记而书之耳。若恐漏泄几事⑤，则择慎密者任之。"朝奏屏人议事，记注官不避自此始。

（《金史·石琚传》）

【注释】

①移剌杰：金朝史臣。②上：指金世宗完颜雍，女真名乌禄，金太祖之孙。1161--1189 年在位。③琚：即石琚，字子美，金世宗时曾任平章政事，右丞相等职。死于大定二十二年，时年72 岁，谥文宪。④《贞观政要》：书名，唐吴兢撰，十卷，书采唐太宗与群臣问答之语，记当时法制政令，议论事迹，用备借鉴。⑤几事：机密之事。

【译文】

移剌杰向金世宗上书说："朝廷禀奏时要清退无关人员而后商议国事，连史官也不得参与，史官就无从记录了。"金世宗就此事问宰相们，石琚与右丞唐括安礼回答说："古时的史官，对天子的言行务必作出记录，以使天子警戒自己而不犯错误，这或许可使天子有所畏忌吧。……天子的言行，史官都予以记录，因此不能让史官回避。"金世宗说："我看《贞观政要》一书，唐太宗与臣下商讨国事，开始如何商议，后来又怎样完结，这都是由史官在旁边记录书写而成的。如果怕泄漏国家的机密事情，则可以挑选那些谨慎守密的人担任史官。"朝廷禀奏而清退无关人员时就不再让记注官回避了，这种制度就是从这时候才开始实行的。

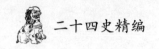

李石献策息争端

山东、河南军民交恶，争田不绝。有司①谓兵为国根本，姑宜假借。石②持不可，曰："兵民一也，孰轻孰重。国家所恃以立者纪纲耳。纪纲不明，故下敢轻冒。惟当明其疆理③，示以法禁，使之无争，是为长久之术。"趣④有司按问，自是军民之争遂⑤息。

（《金史·李石传》）

【注释】

①有司：古代设官分职，各有专司，因称职官为"有司"。②石：即李石，字子坚，金官名，熙宗至章宗时，任行军猛安、礼宾副使、巡检史、刺史等职。③疆理：最高的道理。④趣：同"促"，催促也。⑤遂：于是。

【译文】

山东、河南地区的军民关系非常不和，连续发生争夺田地的事件，执事的官员觉得军队是国家的根本，理应将民田借给军队。李石坚持认为不能如此，说："军队和百姓同样是国家的根本，不能认为哪个轻哪个重。国家赖以存立的是法纪纲常。法纪纲常不严明，因此下级就敢随便冒犯。唯有使大家明白这

至为重要的道理，并宣传法律所禁行的事项，才可使军民之间不产生争端。这也就是让国家长治久安的方法。"朝廷因此催促有关官员查办此事，从这以后，军民争夺田地的纠纷就平息了。

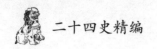

军　事

勿用小人　开国承家

时方擢王守信、贾耐儿者为将，皆鄙俗不材、不晓兵律，行信①惧其误国，上疏曰："《易》称'开国承家②，小人勿用'。圣人所以垂戒后世者，其严如此。今大兵纵横，人情悽惧，应敌兴理非贤智莫能。狂人庸流，猥蒙拔擢，参预机务，甚无谓也。"于是，上③皆罢之。

（《金史·张行信传》）

【注释】

①行信：即张行信，金官员，守信甫，金世宗至宣宗时曾任铜山令、监宗御史、转运使、左谏议大夫、按察使等职。②家：古代卿大夫的采地食邑。③上：指金宣宗完颜珣（公元1163—1223年），女真名睹补。

【译文】

那时刚提拔王守信、贾耐儿等为将领，他们都是鄙俗无才，不懂兵法的人，张行信怕他们误害国家大事，便向皇帝上疏说："《易经》说'建国、治家，都不能任用德才低下的小人'。圣人用以告诫后人的教诲就是这样严明。现在大军纵横作战，人心惶恐不安；抗击敌人、伸张正义，如果不是德才兼备的人就不能胜任。狂妄平庸之辈，已受到提拔，参预了军国大事，这是毫无意义的。"于是，金宣宗罢免了他们。

蒲庐浑用兵

乌延蒲庐浑，曷懒路乌古敌昏山①人。……蒲庐浑膂力绝人，能挽强射二百七十步。……攻黄龙府②，力战有功。阇母③败于兔耳山，张觉④复整兵来，诸将皆不敢战。蒲庐浑澄山望之，乃绐⑤诸将曰："敌军少，急击可破也。若入城，不可复制。"遂合战，破之。

（《金史·乌延蒲庐浑传》）

【注释】

①曷懒路乌古敌昏山：在今朝鲜咸镜北道境内。②黄龙府：在今吉林省农安县一带。③阇（dú）母：金太祖之弟，金初著

109

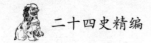

名将领。④张觉：原为辽将，公元1123年投降宋朝。⑤绐（dài）：欺骗。

【译文】

乌延蒲庐浑，是曷懒路乌古敌昏山人。……乌延蒲庐浑膂力过人，他能拉动强弓将箭射出二百七十步。……攻打黄龙府时，作战勇猛，立有战功。（公元1123年，阇母率金兵与张觉交战），阇母军在兔耳山（在今北京顺义境内）被打败，张觉又整顿军队前来攻打，将领们都不敢迎战。乌延蒲庐浑登上兔耳山瞭望敌营，蒙哄众将领说："敌军人数很少，迅速出击可以打败他们。若进到城里，我们就再无法制服他们了。"于是，众将领合力击敌，打败了张觉军。

掘堑御敌不可行

北鄙①岁警，朝廷欲发民穿深堑以御之。石②与丞相纥石烈良弼皆曰："不可。古筑长城备北，徒耗民力，无益于事，北俗无定居，出没不常，唯当以德柔之。若徒深堑，必当置戍，而塞北多风沙，曾未期年，堑已平矣。不可疲中国有用之力，为此无益。"议遂寝③。是皆足称云。

（《金史·李石传》）

【注释】

①鄙：边境。②石：即李石，字子坚，辽阳（今辽宁省辽阳）人，金将领。③寝：止也。

【译文】

北方边境每年都出现军事吃紧情况，朝廷准备征发民工去挖掘深沟，以此防御北方之敌。李石与丞相纥石烈良弼都说："挖深沟不可行。古时修筑长城以防备北方来敌，白白消耗了民力，对军事却没有好处。北方民族没有固定的居住地，出没无常，还是应当以仁德来感召他们。如果只是深挖壕沟，那就必定要设置部队防守，可是塞北风沙太大，不到一年，壕沟就被风沙填平了。不能烦劳国中有用的劳力，干这种劳而无益的事。"深挖壕沟的动议于是被取消。这样的主张都是值得称道的。

良马不可殉

天辅三年，……（阿离合懑①）疾病，上②幸其家问疾，问以国家事，对曰："马者甲兵之用，今四方未平，而国俗多以良马殉葬，可禁止之。"乃献平生所乘战马。

（《金史·阿离合懑传》）

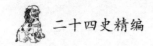

【注释】

①阿离合懑：金景祖乌古乃第八子，健捷善战，太祖时曾为国论乙室勃极烈（官名）。②上：指金太祖完颜阿骨打（公元1068—1123年），汉名旻，金国建立者，在位9年。

【译文】

金太祖天辅三年，……阿离合懑身患重病，金太祖到他家去探望，并询问他有关国家的一些事情，阿离合懑回答说："马是打仗用的，现在各地尚未平定，而我们全国的民间习俗大多以良马来殉葬，应当禁止这种习俗。"于是，阿离合懑向朝廷献出了自己平生所骑的战马。

李革献策

是时①兴兵伐宋，革②上书曰："今之计当休兵息民，养锐待敌。宋虽造衅，止可自备。若不忍小忿以勤远略，恐或乘之，不能支也。"太原兵后阙食，革移粟七万石以济之。二年，宣差粘割梭夫③至河东，于是晚禾未熟，牒行省④耕毁清野。革奏："今岁雨泽及时，秋成可待。如令耕毁，民将不堪。"诏从革奏。

（《金史·李革传》）

【注释】

①是时：指金宣宗兴定初年，即公元 1217 年前后。②革：即李革，金官员。③粘割梭夫：人名。④行省：地方行政区划名。

【译文】

这时，金国发兵攻打宋朝，李革上书朝廷说："金国为今之计，应当使军民休整、歇息，从而养锐待敌。即使宋国引起争端，我们也只能自加防备。如果不忍住小小的激忿，而兴师动众去远征宋国，或许也能压制住宋朝，只怕不能支持长久。"太原兵后来缺少粮食，李革便调拨了 7 万石粟粮给予接济。兴定二年（公元 1218 年），宣差粘割梭夫到了河东地区，这时晚收的庄稼还没成熟，朝廷便让粘割梭夫向河东行省下达命令：耕毁庄稼，以防敌人获取粮食。李革上奏说："今年雨水及时，秋季粮食丰收可望。如果下令耕毁庄稼，老百姓将不堪其苦。"朝廷最后下诏，表示同意李革的奏请。

郦琼论宋之成败

宗弼问琼以江南成败①，谁敢相拒者，琼曰："江南军势怯弱，皆败亡之余，又无良帅，何以御我。颇闻

113

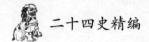

秦桧②当国用事。桧，老儒，所谓亡国之大夫，兢兢自守，惟颠覆是惧。吾以大军临之，彼之君臣方且心破胆裂，将哀鸣不暇，盖伤弓之鸟可以虚弦下也。"既而，江南果称臣，宗弼喜琼为知言。

（《金史·郦琼传》）

【注释】

①"宗弼"句：宗弼，即兀术（公元？—1148年），金大将，天会七年（公元1129年）任统帅，渡长江，追宋帝赵构入海，后又多次率军南下攻宋，累官太师都元帅，领行台尚书事。琼，即郦琼，字国宝（公元1104—1153年），南宋叛将，临漳（今属河北）人，降金后曾为山东路弩手千户，知亳州事。②秦桧：字会之（公元1090—1155年），南宋权奸，江宁（今南京）人，绍兴时两任宰相，力主投降，向金国称臣纳贡，阻止抗金，杀抗金名将岳飞，害死忠臣良将无数，为世人所痛恨。

【译文】

宗弼向郦琼询问有关攻打宋朝的成败问题，以及宋朝谁敢抗御金军之事，郦琼说："宋朝军队势力虚弱而畏惧战斗，都是吃了败仗的残兵，又没有好的将帅，怎么能抗御我军呢？早听说秦桧在宋国执政掌权。秦桧，是一个老儒生，是亡国的士

大夫，他胆小谨慎，自相保护，只恐宋朝的政权被颠覆。我们率领大军前去攻打，宋国的君臣将会吓得心破胆裂，连哀叹都来不及，这就像惊弓之鸟闻弦声而落一样。"不久，宋朝果然向金国称臣，宗弼为郦琼有远见之言而感到高兴。

安国驱羊追敌

襄遣安国追敌①，佥②言粮道不继，不可行也。安国曰："人得一羊可食十余日。不如驱羊以袭之便。"遂从其计。安国统所部万人疾驱以薄之，降其部长。

（《金史·完颜安国传》）

【注释】

①"襄遣"句：襄，即完颜襄，金大臣，时任右丞相。安国，即完颜安国，金官员，字正臣，本名闾母，时任西北路招讨使，敌，此指北阻䪁（即北鞑靼）部落。金章宗承安元年（公元1196年），金廷让右丞相完颜襄率大军讨伐北阻䪁，大捷于多泉子（地名）。襄遂遣安国追杀残敌。②佥（qiān）：都；皆。

【译文】

完颜襄派完颜安国追杀北阻䪁部落的军队，众人都说运粮

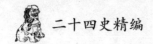

的道路被切断了，不能前进。完颜安国说："一个人得到一只羊，可以吃上 10 多天，修筑道路运粮还不如赶着羊群追袭敌人便利。"完颜襄采用了他的计策。完颜安国所率的部队一万多人快速进军，追逼敌人，终于使北阻鞑部落的首领投降。

理　财

金世宗戒贿

尚书省奏汾阳节度使副使牛信昌生日受馈献，法当夺官。上曰："朝廷行事苟不自正，何以正天下。尚书省、枢密院生日节辰馈献不少，此而不问，小官馈献即加按劾^①，岂正天下之道。自今宰执^②枢密馈献亦宜罢去。"

（《金史·世宗本纪》）

【注释】

①按劾：审查、揭发罪行。②宰执：指左右丞、枢密使等中央级的官员。

【译文】

尚书省官员向朝廷奏报，汾阳军节度副使牛信昌过生日时收受别人赠送的礼物，按照法律应当免去他的官职。金世宗说：

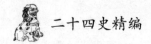

"朝廷办事如果本身不行正道，那又怎么能要求天下人遵守法纪呢？尚书省和枢密院的官员们在节日和生日时已收受了不少的赠礼，对此你们不过问，而对小官收受赠礼却立即查办或弹劾，难道这是治理天下的方法吗？从现在起，即使是属于宰执一级的枢密使接受了别人赠送的礼物，也应该罢免官职。"

海陵赐物

天德四年二月，立光英为皇太子。是月，安置太祖画像于武德殿，尽召国初尝从太祖破宁江州①有功者，得百七十六人，并加宣武将军，赐酒帛。其中有忽里罕者，解其衣进光英曰："臣今年百岁矣，有子十人。愿太子寿考多男子与小臣等。"海陵使光英受其衣，海陵即以所服并佩刀赐忽里罕，答其厚意。后以"英"字与"鹰隼"字声相近，改"鹰坊②"为"驯鸷坊"。

（《金史·光英传》）

【注释】

①宁江州：治所在今吉林省扶余县境内。②鹰坊：为宫中饲养鹰鸟的场所。

【译文】

天德四年二月，海陵王立光英为皇太子。当月，还将金太

祖阿骨打的画像安设在武德殿里，并召集建国初期曾跟随金太祖攻打宁江州的所有立功人员 176 人，给他们同时加封宣武将军的称号，赐给酒、帛。有一个名叫忽里罕的人，脱下自己的衣服进献给了光英，并说："我今年已有 100 岁了，有 10 个儿子。我祝愿皇太子像我一样长寿，多得男孩。"海陵王让光英接受了忽里罕的衣服，海陵王马上把自己身上穿的衣服及携带的佩刀赏赐给了忽里罕，以报答忽里罕深厚的情意。后来因为光英的"英"字与"鹰隼"的"鹰"字读音相近，海陵王便改"鹰坊"为"驯鸷坊"。

张汝霖引君奢侈

汝霖通敏习事，凡进言必揣上微意，……故言不忤而似忠也。初，章宗新即位，有司言改造殿庭诸陈设物，日用绣工一千二百人，二年毕事。帝以多费，意辍造。汝霖曰："此非上服用，未为过侈。将来外国朝会①，殿宇壮观，亦国体也。"其后奢用浸广，盖汝林有以导之云。

（《金史·张汝霖传》）

【注释】

①朝会：诸侯、臣属等朝见君主。

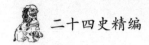

【译文】

张汝霖为人圆通精明，晓于事理，上朝进言的时候他必定要揣摩皇上的心意，……所以他说话总是顺着皇上，显得很忠诚。金章宗刚刚即帝位，主事的官员建议改造宫殿中的各种陈设物，每天要用绣工 1200 人，两年才能完工。金章宗见花费太大，准备停止改造工程。张汝霖说："这些陈设物并不是皇上享用，算不上过分奢侈。将来外国的使臣来朝见皇上，看见殿宇壮观，这也是国家的体面。"此后朝廷奢侈的用度就越来越多了，这是与张汝霖的诱导不无关系。

上行下效营私

上谓宰臣①曰："宫殿制度②，苟务华饰，必不坚固。……今土木之工，灭裂③尤甚，下则吏与工匠相结为奸，侵克工物，上则户、工部④官支钱度材，唯务苟办，至有工役才华，随即攲⑤漏者，奸弊苟且，劳民费财，莫甚于此。自今体究，重抵以罪。"

（《金史·世宗本纪》）

【注释】

①上谓宰臣：上，指金世宗完颜雍（公元 1123—1189 年），

女真名乌禄，金太祖之孙，公元1161—1189年在位。宰臣，指朝中辅助皇帝处理政务的高级臣僚。②制度：指建造规格。③灭裂：草率从事。④户、工部：官署名。户部掌管户口、财政。工部掌管营造工程事。⑤欹：倾斜。

【译文】

金世宗对宰臣们说："宫殿的修建标准，如果追求华丽的装饰，必定不会牢固。……现在搞土木建筑的人，更加草率、马虎。下边，官吏与工匠相互勾结，狼狈为奸，侵吞和克扣工程方面的材料；上边，户部与工部的官员支取经费，挪用材料，只求草率了事，以致工程刚完就出现房斜屋漏的情况。奸人舞弊，敷衍塞责，劳民伤财，严重至极了。自此往后，要审察、追究责任，处以重刑抵偿损失。"

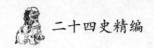

德　操

杨邦基为官不阿

太原尹徒单恭贪污不法，托名铸金佛，命属县输金，邦基①独不与，徒单恭怒，召至府，将以手持铁柱杖撞邦基面，邦基不动。秉德②廉察官吏，尹与九县令皆免去，邦基以廉为河东③第一，召为礼部主事。

（《金史·杨邦基传》）

【注释】

①邦基：即杨邦基，字德懋，金官员，金熙宗时曾任太原交城令。死于大定二十一年（公元 1181 年）。②秉德：金官员。③河东：指今山西省境内黄河以东地区。

【译文】

太原府尹徒单恭贪污违法，曾经打着铸造金佛的借口，命令下属各县进献黄金，只有杨的邦基一人不肯。徒单恭十分恼

火，就把杨邦基召到尹府，手拿铁拄杖，准备砸到杨邦基的脸部，杨邦基巍然不动。秉德奉命考察官吏是否清廉时，将太原府尹徒单恭和9个县的县令都罢免了，而杨邦基在廉洁方面却数河东地区第一，被召用为礼部主事。

马肩龙舍身救从坦

宣宗①初，有诬宗室从坦②杀人，将置之死。人不敢言其冤，肩龙③上书，大略谓："从坦有将帅才，少出其右者，臣一介书生，无用于世，愿代从坦死，留为天子将兵。"书奏，诏问："汝与从坦交分厚欤？"肩龙对曰："臣知有从坦，从坦未尝识臣。从坦冤，人不敢言，臣以死保之。"宣宗感悟，赦从坦，授肩东平④录事，委行省⑤试验。

（《金史·爱申传》）

【注释】

①宣宗：即金宣宗完颜珣，女真名吾睹补，汉名珣，公元1213—1223年在位。②从坦：金皇族子弟，曾任刺史、宣差都提控、河平军节度使等职。③肩龙：即马肩龙，字舜卿，金代官员。④东平：府名，治所在须城县。⑤行省：地方行政区

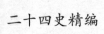

划名。

【译文】

金宣宗初年，有人诬告皇族子弟从坦杀了人，朝廷将要对他处以死刑。人们都不敢说他受了冤枉，但马肩龙却上书给宣宗，书信的大概内容是说："从坦具有将帅的才能，极少有人能超过他。我是一个微不足道的书生，对社会没有多大用处，我愿代从坦去死，请留下他为皇上带兵作战。"这封信上奏给宣宗后，宣宗召见了他，问道："你与从坦的交谊、情份十分深厚吗?"马肩龙回答说："我知道有个从坦，可从坦未曾认识我。从坦受到冤屈，大家都不敢作声，我愿以性命来保下他。"金宣宗深受感动，并有所醒悟，因此赦免了从坦，且任命马肩龙为东平府录事，还委派他到行省去试用。

王震割股医母

王震，宁海州文登县人。为进士学。母患风疾①，刲②股肉杂饮食中，疾遂愈。母没，哀泣过礼，目生翳③。服④除，目不疗而愈，皆以为孝感所致。特赐同进士出身。

（《金史·王震传》）

金 史

【注释】

①风疾：即今所谓中风。②刲（kuī）：刺；割。③翳（yì）：眼病引起的遮膜。人眼有这种遮膜蒙盖时，看物模糊不清，甚至完全看不见。④服：谓居丧，即在直系亲长的丧期之中。

【译文】

王震，宁海州文登县人。在为进士考试准备功课时，母亲中风得病。五震便割下自己大腿上的肉拌合在食物之中给母亲吃，母亲的病就好了。母亲去世时，王震由于悲哀哭泣过度，眼睛生出了遮膜。等到母亲的丧期过去后。他的眼病不经治疗就痊愈了，人们都认为这是孝心感动神灵所致。朝廷还特地赐给他进士出身。

拒写碑文

崔立①变，群小附和，请为立建功德碑。翟奕②以尚书省命召若虚③为文。时奕辈恃势作威，人或少忤，则谗构④立见屠灭。若虚自分必死，私谓左右司员外郎元好问曰："今召我作碑，不从则死。作之则名节扫地，不若死之为愈。虽然，我姑以理谕之。"乃谓奕辈

125

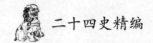

曰："丞相功德碑当指何事为言？"奕辈怒曰："丞相以京城降，活生灵百万，非功德乎？"曰："学士代王言，功德碑谓之代王言可乎？且丞相既以城降，则朝官皆出其门，自古岂有门下人为主帅诵功德而可信乎后世哉？"奕辈不能夺。……后兵入城，不果立也。

（《金史·王若虚传》）

【注释】

①崔立：金末割据者，将陵人。初为安平都尉。天兴元年，在汴京围城中被任命为西南元帅。第二年，杀宰相，自称太师、军马都元帅、尚书令。以与蒙古军队议和为名，搜括金银，执太后、皇后等人入蒙古军营，欲效法刘豫而为傀儡皇帝。公元1234年为将领李伯渊所杀。②翟奕：金末大臣。③若虚：即王若虚，金代文学家，号慵夫、滹南遗老，官至翰林直学士。④谗构：诋毁、陷害。

【译文】

崔立发动兵变，朝中的一些奸邪的小人都随声附和，还求为崔立建树功德碑。翟奕以尚书省的名义命召王若虚写作碑文。当时，翟奕一伙依仗势力耍威风，只要有人稍微冒犯他们，他们就向朝廷进谗言、罗织罪名并马上加以杀害。王若虚自料必定被杀，就暗中告诉左右司员外郎元好问说："如今召我写碑文，倘若不听从就要处死。写了又会使自己的名声和节操完全丧失，这还不如死了好。尽管如此，我姑且与他们讲讲道理。"于是，对翟奕一伙说："丞相的功德碑文应当写哪些事情？"翟奕一伙发怒地说："丞相拿京城来投降，使上百万人活了性命，这不是功德吗？"王若虚说："学士替君王拟写文书，但把写功德碑文称作替君王拟写文书行吗？而且丞相已经拿京城投降了，那么朝廷的官员就都成了他的门客。自古以来，哪有门客为自己的主帅歌功颂德而被后世人相信的事呢？"翟奕等人终于没能使他改变不写碑文的意愿。……后来，蒙古兵进了城，功德碑最后还是没有立成。

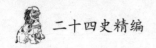

传世故事

达鲁古城之战

宋政和五年，辽天祚帝天庆五年（1115）正月初一，居于东北的女真族首领完颜阿骨打称帝，国号大金，改元收国。初五，完颜阿骨打便率军进攻辽之黄龙府，开始了灭辽之军事行动。

女真族本是辽国的附属，完颜阿骨打乃辽完颜部节度使劾里钵的第三子，于辽天庆三年（1113）袭位为完颜部首领。天庆四年，辽天祚帝至混同江钓鱼，怀疑完颜阿骨打有异志，欲杀之。完颜阿骨打乃率部大修战备，计划叛辽。是年十月，阿骨打攻取辽之宁江州，又在出河店大败辽军，兵势大振。所以，完颜阿骨打建国称帝，图谋一举灭辽。

辽帝为防御金兵西进，命行军都统耶律鄂尔多、左副都统萧伊苏、右副都统耶律章努、都监萧色佛埒，统率骑兵二十七万、步卒七十万迎敌。辽天祚帝则亲自率兵抵达达鲁古城，驻军宁江州之西，并下诏亲征。

辽帝既声称御驾亲征，却又暗地里遣使至金营与完颜阿骨打议和，在信中直呼阿骨打之名，要求其为辽之属国。阿骨打一面复信提出议和的条件，一面进军达鲁古城，先占领高地列阵。

完颜阿骨打居高观望，只见"辽兵若连云灌木状"，气势逼人，金兵稍生畏意。阿骨打乃对左右道："辽兵心贰而情怯，虽多，不足畏！"意思是，辽军人心不齐，连败之下必生畏惧之心，尽管很多而并不足畏。此乃阿骨打稳定军心激励士气之言。

在敌众我寡的情况下，阿骨打决定突然进击，打敌人个措手不及！因此，他乘辽主与众将正在商量是否接受其议和条件之机，不等辽主回书，便果断地发起攻击。阿骨打命大将宗雄率右军先攻辽之左军，令完颜娄室、银术可率左军猛攻辽之中军。辽军不意金军突然发动进攻，左军先退，宗雄又奉阿骨打之命援助完颜娄室等攻辽右军。宗雄灵机一动，率军绕到辽军后背进击，与娄室等对辽军形成两面夹击之势。完颜阿骨打又遣大将宗干率一支军队作为疑兵以牵制辽之右军，令大将宗翰率中军协助娄室等猛攻之，娄室等九进九出，冲锋陷阵，所向披靡。此时，绕至辽军背后的宗雄又发动袭击，辽军大败。

完颜阿骨打麾军追击，乘胜包围辽军主帅大营。第二天早晨，辽军突围，金军追至阿噜冈，全歼辽之步兵。本来，辽人为了长期战守，特在边地屯田。此役后，金人尽获辽人的耕具。

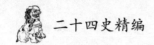

达鲁古城之战后，辽国内忧外患并至，已是风雨飘摇、奄奄待毙了。完颜阿骨打在此役中所用战术颇为高明，先派宗雄击破辽之左军，然后集中兵力进攻辽之右军，宗雄又率军绕到辽军背后进行袭击，终使金军以少胜多。而辽军几乎没有什么战略部署，在金军的突然进击下被动应战，终至于败。

（《金史·太祖本纪》、《金史·宗雄传》）

浚州之战

宋徽宗宣和七年，金太宗天会三年（1125），金灭辽国，紧接着计划攻宋。宋将韩民义因与易州守将辛综结怨，率部下五百人降金，力劝金太宗完颜晟伐宋。宋隆德府希望义胜军二千人亦降于金，并具言宋朝武备空虚之状，金将宗望、宗翰等亦劝金太宗立即出兵攻宋，金太宗遂于是年十月下诏南伐，命贝勒宗翰为左副元帅；先锋经略使完颜希尹为右监军；左金吾上将军耶律伊都为右都监；以六部路军帅达兰为六部都统，金音为副；以拣摩为南京路都统，宗望为副；知枢密枢院事刘彦宗为汉都统。诸将共统兵约近七万南下攻宋，希望占领宋朝黄河以北的广大地区。

十二月，南京路副都统宗望率部攻宋之三河，大败宋军，并进抵燕山。宋燕山知府郭药师率所部七万人投降，宗望大喜过望，奏请金太宗封郭药师为燕山留守。同时麾军直逼北宋都

城汴梁。

宋徽宗闻知金兵分两路南下，宗望之军气势尤猛，意在攻取汴梁，大惊之下，束手无策，于是下罪己之诏，将皇位禅让给太子赵桓，自己则打算弃汴梁而逃。

赵桓即位，马上檄召各路兵马赴京勤王，并令河北河东制置副使何灌率兵二万增援金兵南下的必经之地浚州，与浚州守将梁方平共守黄河大桥以阻击金兵。

因何灌所部兵力不足二万，宋钦宗赵桓答应何灌自行招募以凑数，结果，二万之数倒是凑齐了，新兵们都没有上过战场，甚至不会骑马，上马后战战兢兢，两手紧紧抱住马鞍，趴在马背上，一时传为笑柄。宋朝君臣竟欲指望这样的军队抵挡金国数万铁骑，未免视战争如儿戏。

宗望率军至邯郸后，即令郭药师率一千铁骑前锋，乘宋兵不备、汴京空虚袭取之。郭药师以一千骑兵太少，请求增兵，宗望乃再拨给郭药师一千骑兵。

宗望恐怕大军行进迟缓，因此果断地派郭药师率两千骑兵倍道兼行，加上郭药师熟悉通住汴京的路线、地形及宋军的守备虚实，令之为先锋官，实是极为恰当之举。

是时已至元旦，郭药师率军疾行三百里，于宋钦宗靖康元年、金天会四年（1126 年）正月初二抵达浚州，离汴京只有二百里之遥。浚州位于黄河北岸、开封府正北，守将为内侍梁方平。郭药师率金兵发起突然袭击时，梁方平及其部下毫无防备，不战即溃，逃过黄河。在黄河南岸守卫的宋兵见金兵南下，旗帜隐然渐至，又见河北岸宋军狼狈南逃，皆无斗志，不等金兵到来，便烧毁黄河大桥的缆绳而逃，正在桥上拥挤而过的宋兵有数千人落入黄河而死。何灌所率领的两万援军到此，发现守军早已跑了个干净，于是争相溃逃，何灌不能制止，只得驰往汴京。

金兵至黄河北岸，因桥已毁，不得遽渡，乃寻获一只小船，每次只能渡过数人，穿梭不停地渡了五天，郭药师的前锋骑兵方才全部过河。金兵过河后，马上南进。因不是同时渡河，随渡随进，故不成队伍，三三两两，马不停蹄，络绎不绝地径奔汴京。

宗望率大军抵达黄河北岸，亦凭小舟渡河，随渡随进，以增援其先锋部队。宗望过河后，与郭药师会师于汴京城西北的牟驼冈。此处为宋天肆监之所在地，有马二万匹，至此尽为金兵所获。宗望笑对左右道："南朝可谓无人，若以一二千人守河，我辈岂得渡哉！"

宗望尚且不知，宋朝守河之军不止一二千，因郭药师进兵神速，早已望风而逃，还有数千人在桥断时落入黄河，随流而下到渤海喂了鱼鳖。金兵在牟驼冈稍事休整之后，即以火船数十艘顺流而下进攻汴京之宣泽门。幸赖宋尚书右丞、东京留守李纲率汴梁军民团结抗战，才抵挡住了金兵的攻势。

而早在金兵先锋部队抵达浚州时，宋徽宗便已闻讯南逃，

宋钦宗也想弃都城逃跑，被李纲劝阻，因而北宋尚能保住都城，又苟延残喘了一年。

至靖康二年初，金兵终于攻下汴京，俘获宋徽宗、宋钦宗北去，北宋遂亡。金兵进袭浚州之战，行动至为迅速，竟使宋军来不及应战，望风溃逃，继而长驱南下，围攻汴京。至于徽钦二帝皆为金人掳去，则宋人之国耻可谓空前绝后了。而宋朝兵将纷纷降金，亦由宋廷失政所致。北宋君为昏君，臣为庸臣，将为劣将，兵为弱兵，加上朝政紊乱，徽钦二帝被擒，实乃咎由自取！

（《金史·宗望传》、《宋史·何灌传》）

金世宗重视农事

辽国逐渐衰落的时候，辽国北方的女真族却日益开始强大。辽国把一部分汉化程度比较深的女真人迁入自己的内地，编入户籍，称为熟女真。而大部分女真人仍居住在栗末江（今松花江）以北地区，共有七十二个部落，称为生女真。这时的女真人还没有书契文字，靠渔猎畜牧为生。契丹人经常欺侮他们，称为"打女真"，还要求女真人进贡人参、貂皮、名马、峰蜡等等。女真人不甘心受契丹人的欺凌，拥戴完颜部的酋长阿古打为首领，起兵反辽，并多次大败辽军。辽天祚帝天庆五年、宋徽宗政和五年（1115），完颜阿古打称帝，建立金国，定年

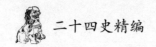

号为收国。阿古打史称金太祖。

太祖收国七年（1123），阿古打去世，他的弟弟完颜晟（shèng）即位为帝，史称金太宗。太宗天会三年（1125），金灭辽。第二年，就是宋钦宗靖康元年，金兵长驱直下，攻陷宋都汴京，掠走徽、钦二宗，这就是"靖康之耻"。次年来，赵构称帝于南京（今河南省商邱市），北宋从此结束，南宋皇朝开始，南宋和金国的对抗自此开始了。

女真是奴隶制社会，他们占领了华北，便把落后的奴隶制带到那里，使那里的生产力受到严重的破坏。但先进的制度必然代替落后的制度。在汉人的影响下，女真的奴隶制度逐渐崩溃。女真统治者，意识到奴隶制度非常落后。就开始重视农业生产，因为汉人先进的生产力是与他们先进的社会制度相适应的。太祖太宗时代，他们以征伐和掠夺为要务，没有更多的力量顾及发展农业生产。而熙宗和废帝海陵王时代，他们不但要征伐，还陷入了内部的纷争之中，也无法顾及农业生产。到了金朝的第五位皇帝、金太祖阿古打的孙子世宗完颜雍即位后，开始努力发展农业生产，并成绩突出。

世宗是在1161年继位的，金建国已经将近五十年。前几代金帝，不管对汉族人的感情如何，对发达的汉族文化，他们是不得不表示钦佩的。因此，他们都要认真地学习汉族文化。尽管完颜希尹创制了女真大字，世宗自己还创制了一套女真小字，但他们还是要大量地学习汉语的典籍。因为靠学习翻译成女真

134

字的汉族经典，数量远远不够。世宗是一个民族意识很强的人。他极力维护女真人的传统文化，汉族文化对他自己的熏陶极大。他讲话的时候，经常是引经据典。他对儒家的思想是很赞赏的。因此，他在自己的治世活动中，也是以儒家的"仁政"为指导思想的。当然，他是一个很有思想的人，并不盲从。

在他晚年的时候，曾经谈到："帝王之政，固以宽慈为德。然如梁武帝专务宽慈，以至纲纪大坏。朕尝思之，赏罚不滥，即是宽政也。"梁武帝仁慈好佛，三度舍身当和尚，最后被饿死。

他还说道，以前的君王不了解农民种田甘苦的人很多。他们所以最后失掉了天下，这也是重要的原因。他还举一位辽国君主为例：当臣下向他反映百姓没有饭吃的时候，他竟反问臣下：那他们为什么不吃干腊肉？

正是基于这种思想，他努力地了解农民的疾苦，经常到效外去观察庄稼的生长情况。金朝的统治基础是女真人。金朝统治者把女真人按"猛安谋克"的组织形式组织起来。每三百户为一谋克，每四谋克为一猛安。它既是居民组织，也是军事组织。金军南下以后，分布在各地的女真人也都按这个形式组织起来，称为"猛安谋克户"。猛安谋克户过去不会种田，现在国家分给他们田地，他们还是不会种。并且，他们又享有某些特权。所以，他们不好好种田。有的人把田里的桑树枣树砍掉当柴卖。还有些猛安谋克户自己不种，把土地租给汉人种。大

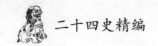

定五年（1165），世宗派人去检查那些砍伐桑枣当柴卖的人；大定二十一年，又下令猛安谋克户一定要自己耕种土地，实在无力耕种地才可以出租。他用这些措施，鼓励女真人学习汉人的农业生产技术。

女真人习惯于放牧，所以南下不久曾经规定路两边五里以内的土地都作放牧用，五里以外才允许农民耕种，对农民来说非常不方便。大定十一年，有人向世宗反映这种作法给农民造成的不便，世宗听后说："对百姓不利的事，就怕不知道。一旦知道了，朕一定不作。"便下令让农民像过去一样耕种。

有人反映，一些豪强之家，强占大量民田，使百姓无法耕种。海陵帝时代的参政纳合椿年一家就占了八百顷。有的人家平均每人占三十顷，以致小民无田可耕，无以为生。世宗当即决定，凡是占地十顷以上的，超出的部分都括籍入官，就是都收归官家，然后分给贫苦百姓耕种。还有些猛安谋克户，迁徙以后两处都占有土地，也决定必须交还一处。

大定二十二年，有人报告说，有些猛安谋克户仍旧不自己耕种土地。有一个百口之家的猛安户，地里一棵苗也没有种。世宗听后很生气，问道："那里的劝农使干什么去了？一定要治他的罪！"并下令，有地不种的猛安户要打六十大板，谋克户打四十大板，租他们地种的农民无罪。

世宗还注意减轻农民的负担。大定二年，他告诉大臣，不允许大户把徭役负担转嫁给贫民。有人提出建议说，由于国家

财政紧张，向几个路（州以上的行政组织）预借一些租税。世宗说，国家的财政虽然紧张，可是百姓的生活更为艰难。他没有同意这个建议。当然，租税是封建国家搜刮农民的主要来源，虽然世宗有一些减免租税的行动，但总的说来，金代的赋税还是很重的。世宗时代，只是相对说来略轻一些。

总之，由于世宗实行了一些相对说来比较宽松的农业政策，有利于农民生产积极性的提高，也有利于以畜牧渔猎为主的女真社会向农业社会的转变，并使金朝中叶出现了经济全面恢复、发展和繁荣的新景象。史载，世宗时代出现了"群臣守职，上下相安，家给人足，仓廪有余"的局面，"天下治平，四民安居"。国家的粮食储备也比较充裕，一年的收成，够用三年。他在世时在各地设立了很多常平仓，他去世后，他的孙子章宗继位的时候，常平仓储粮三千七百多万石，可供四年之用。

由于金世宗治世有方，使得金朝社会得到了比较好的发展，历史上有人把他称为"小尧舜"。

（《金史·世宗纪》等）

经营产业　强占官田

纳合椿年是金朝的女真族知识分子。他聪明，有学问，有才能。但同样也贪婪，爱财，在历史上名声也不太光彩。

金初，当完颜希尹创制的女真大字颁布后，金朝便办了一些女真字学馆，就是教授女真文字的学校。儿童时代的纳合椿年也进入了西京（在今山西省大同市）的学馆。不过，他当时的名字叫做乌野。在学校里，他是属于聪明的学生之列。后来，他又被选送到当时金国的首都上京（在今黑龙江省阿城县北白城）的国家学校学习。学成后，被补为尚书省令史，几经升迁，终至谏议大夫。

有一次，他酒后无德，受到了海陵帝的批评，海陵命他以后戒酒，从此后，他终生不饮。海陵帝对他挺器重，曾经赐给他玉带和马匹。"纳合椿年"这个名字，也是这个时候海陵帝赐给他的。

海陵帝问他道："你的才干是很难得的。不知道还有没有像你这样有才能的人了？"

几天后，纳合椿年就向海陵帝推荐了纥石烈娄室。海陵以纥石烈娄室为右司员外郎。不到十天，海陵对纳合椿年说："经过这些天的试用，纥石烈娄室果然像你说的那样有才干。要不得人家说：只有贤明的人才了解贤明的人，这话说得真对！"海陵也赐给娄室一个名字，叫纥石烈良弼。这个人在世宗时代，成了有名的贤相。

纳合椿年在正隆二年（1157）去世。海陵帝亲自去哭丧，还赏给他家银二千两、綵（cǎi）百端（每端约两丈）、绢千匹、钱千万。他的孩子也都封了官。安葬的时候又赐钱百万，还给安葬用的路费。

世宗的时候，百姓向皇帝反映，有些官豪之家，占据大量的官地，使贫苦百姓无法耕种。所谓"官地"，就是公家的土地。金朝把无主的土地和从汉族百姓手中掠夺归官的土地都称为"官地"。因此，世宗下令检核田亩。结果发现，纳合椿年在世的时候，在西南路（在今山西省与内蒙自治区交界处一带）大量侵占官地，仅查实的就有八百余顷。当时查出来像纳合椿年这样的共有三十余家，总计占田三千余顷。世宗下令，每家只给留十顷，其余的没收归公。因此，史书说他"颇营产业，为子孙虑，冒占西南路官田……"

（《金史·纳合椿年传》等）

高汝砺治财

金世宗虽然号称"小尧舜"，治国有方，但到了他的时代，金朝的发展已经达到了顶峰。他死后，金朝就开始走下坡路了。农民起义不断地发生、北方新兴起的蒙古族不断地骚扰，搞得金朝统治者焦头烂额。为解决日益严重的经济困境，他们便加重盘剥百姓。当然，这期间也有些官吏明白"以退为进"的道理，主张对百姓实行一些宽松的政策，从而保证金朝朝廷的财源。高汝砺就是这样一位官僚。

高汝砺是应州金城（今山西省应县）人，年轻时中了进士。有一次章宗要求大臣们推荐能用作刺史的人，他被举为石

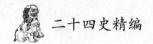

州刺史。以后进入朝廷，为左司郎中。

有一次他单独向章宗奏事，跪在章宗御案的下面。突然，章宗的扇子掉地下了，这时，宦官们都已回避，不在殿内。而捡扇子这类的事，是宦官们的事，别人是不能捡的，并非此事下践，而是为了皇帝的安全，也是职分的关系。所以，高汝砺看着扇子，仍旧跪在那奏事，直到奏完退下为止。章宗觉得他很懂事体，提升他为谏议大夫。

宣宗贞祐二年（1214），金迁都南京，即汴京（今开封）。路上，高汝砺被拜为参知政事。宣宗听说汴京的谷价飞涨，担心朝廷迁去后谷价会更高。大臣们一致认为应该对汴京的谷价加以限制。高汝砺却不同意大家的意见。他说：物价的高低，变化是很快的。买的多卖的少，物价就贵。现在迁都，各地的人都到汴京来，买粮的人自然就多了起来，物价怎么会不涨呢？如果我们限制物价，那么有粮食的人就会藏之不卖，贩运的人也就不会再贩粮进城。那么买粮的人就更急着买粮，物价就会更高。谷物是难得的，钱钞却是易得的，只有我们设法增加谷物的供应，增加钱钞的流通，谷价自然就会降下来，宣宗觉得他说得很有道理，决定按高汝砺的意见办。

贞祐三年，蒙古军南下，攻陷顺州（今北京市顺义县）、北京（今内蒙宁城西）、中都（今北京）等地，有人提议把黄河以北的军人家属迁到黄河以南，只留军士在河北守卫郡县。高汝砺说，这样做，只对于那些豪强之家有利，而对贫苦百姓不利。一旦把他们迁离本土，让他们扶老携幼，奔波于道路，流离失所，那是多么凄惨的景象啊！再说百姓见军属迁走了，也一定惊疑不定，人心动摇。军士们离开家属，他会心神不安，无法一心守土。

但是高汝砺的意见没有被采纳。军人家属迁移到新地，朝廷就要括地（就是把"官田"从百姓手中搜罗出来）分给他们，要不就得加税，以增加对他们的供应。宣宗让大臣们讨论一下如何是好。高汝砺说，现在，农民已经报怨租税过重，如果继续加租，那么，农民就更不敢租种官田了；农民不种官田，军队的供应就更少。再说，很多穷苦人家全家都靠着官田过日子，如果他们无法租种官田，他们何以为生？他们若是失去了生计，社会就要动荡不安。前次山东分配土地的时候，肥沃良田都分给富家，贫苦百姓只得到贫瘠的土地，结果对军民双方都造成很大的损失，现在应该汲取这个教训。现在荒芜的官田和放马的草地很多，不如把这些地给军属开荒，让他们自己耕种，这样就可以避免伤害百姓。再说，黄河南岸的土地适宜种麦，而现在正是播种麦子的季节，千万不要因为括地的问题误了农时。宣宗这一次接受了他的建议。

由于金国朝廷的经济状况越来越差，便不断增加对百姓的赋敛。那时桑树皮是重要的造纸原料，朝廷就征收桑皮纸钱，每年从农民身上多收刮七千多万贯。以后还嫌不足，要增加二倍征收桑皮纸钱。高汝砺再次上书提出自己的看法。他开门见山地说："臣闻国以民为基，民以财为本，是以王者必先爱养基本。"他还说，现在，黄河以南的百姓赋税负担已经比以前增加了两倍，如果再增加他们的桑皮纸钱，就要影响他们的温饱。农民无法生存，就要逃亡；农民逃亡，土地就会荒芜。那么。军费还从哪里出呢？他请求皇帝减免农民的租税负担，只有这样，缺乏的费用才有希望解决。

贞祐三年，黄河以南地区农业大丰收，百姓手中的粮食比较多。高汝砺又上书说，国家最重要的事情就是粮食。现在各地屯兵、修城等等都需要大量的粮食。应该趁现在丰收，尽多地收购粮食。并且设法鼓励地方官多从民间收购粮食。能向国库输送三千石的，就在皇帝这里记功；五千石以上的官升一级；万石以上的官升一等。宣宗采纳了他的建议。这种作法防止谷多的时候谷价急骤下降，出现谷贱伤农的情况，又使国家储备了比较多的粮食，避免荒年时粮食的馈乏。

为了增加财政收入，金朝朝廷实行了盐铁酒醋的专卖，有人提出还要实行食油的专卖。高汝砺又上书反对。他说，国以民为本，现在国家可以失去民心吗？他罗列出实行食油专卖可能会出现的五种恶果，如"小民受病，益不能堪"，造成"贵处常贵，贱处常贱"，油价上涨，等等。

高汝砺的这些建议，虽然无法根本改变金朝的困境，但毕竟在一定程度上起到了改善经济状况的作用，也在一定程度上减轻了对百姓的盘剥，在当时的条件下，不能不说这是为百姓

作了些好事。宣宗对他的看法也很不错，曾经赏赐给他一尊金鼎和三枚金币。某些人攻击高汝砺，他也有自己的主意，认为这是"有功者人喜谤议"。

（《金史·高汝砺传》等）

高汝砺立钞法畅流通

中国是世界上最早使用纸币的国家。这一方面是中国古代商品经济发展的需要，也是中国古代造纸术和印刷术发达的表现。纸币最先是在民间出现的。宋朝初年，益州（今四川省）的商品经济发达。商人们使用铜币铁币不方便，每千钱有十几斤甚至二十几斤。商人们便自己制造"楮（chǔ）币"流通于市。楮币又叫"交子"。后来有十六家大商人联合起来共同发行楮币。但如果发行人破产，持币者就无处兑付，引起纷争。所以后来官府介入，改由官府发行。并且还扩大到益州以外的地区流通。到南宋时代，流通更广，称为"会子"，由户部发行。官办以后，有时发行量过大，引起贬值，百姓深受其害。

金代时候，也仿效宋国，发行纸币，称为交钞。交钞分为大钞和小钞两种。大钞称绩，有一贯、两贯、三贯、五贯和十贯五种；小钞称文，有一百文、二百文、三百文、五百文和七百文五种。开始时以七年为期，到期兑换新钞，叫做换界。以后各代皇帝，为了解决财政问题，往往大量发行交钞，造成货币贬值，百姓甚至拒绝使用。承安二年（1197），因交钞发行数量过多，民间常有人拒绝使用大钞，官府不得不用小钞换回大钞。像这种现象时常发生。

由于货币总是变来变去，吃亏的总是百姓，所以百姓往往聚在一起抱怨。但为了解决财政上的困难，金章宗坚持要把交钞推行下去，不准任何人反对和阻挠。章宗泰和七年（1207），传旨于御史台，下令从今以后，有人在城市中聚集一起议论钞法的毛病的，要予以拘捕；举报的人给以三百贯的奖励。说明金朝统治者已经恼羞成怒，进而采取高压政策来对付敢于表示不满的群众了。但是高压并不能解决问题，章宗又下令户部尚书高汝砺负责"议立钞法条约"，增加大小钞的发行。也就是要研究出一套可行的发行交钞的方案。

高汝砺是一个比较圆滑的人，在有一个多月以内同各方面官员协商过多次，都不解决问题。还是得由章宗出面在泰和殿召开会议，并且指示高汝砺，今后不要总是讲钞多不值钱就换，争取让交钞升值就可以了吗！

根据皇帝的指示。第二天，高汝砺便下令：民间交易典当等等，只要交易额在一贯以上，就一定要用交钞，不许用钱（指金属货币），立契约交换的，可以用三分之一的实物，三分之二的交钞。对于不同的地区，还作出了不同的规定。有违犯者流放二年。告密者给以不同标准的奖励。官员违犯的不但要打板子，还要免职。而能促使交钞流行的，给予晋职的奖励。

行商携带的现钱不得超过十贯。对各家存放的现钱也作出限制，超过规定标准的，可以到官府指定的地方兑换成交钞。携带现钱超过十贯的，不准离开汴京。

河北按察使斜不出准备出去巡查，按规定应该发给他一贯钱作旅差费，他以使用不便为由，要求换成现钱，结果让御史奏了一本，说他带头破坏钞法，因而，被打了七十大板，还被降了一级，免去现职。

在这种情况下，高汝砺也作出了强硬的姿态，表示钞法一定要坚持下去。要求在各州、府、县、直到镇，都设立专人办理换钞的事。朝官到地方办事的时候，也要随时兼顾推行钞法的宣传工作。民间拥有的宋朝的纸币——会子，也可以代替现钱使用，但超过十贯的不可以。除国家专卖的盐准许用实物偿付之外，其余的交易一律要用交钞。

高汝砺认为，百姓不愿意使用交钞，责任并不在百姓，而是官家变来变去。这种随意变化，百姓很不方便。因此，他在致力于发展经济的同时也提出了一些方便交钞流通的方法。

高汝砺在各州府库内都设立了办钞库，就是专门受理交钞问题的部门。为了方便交钞的流行，对于那些残破的交钞，只要不是伪造的，都可以给兑换成完整的交钞。

各地的办钞库都设立在官衙里面，百姓办事还是不方便，有一个商人要换十四万贯的交钞，原来的铜钱是很重的。因此，他又建议在各地的市场等商业繁华地带设立换钞的机构。他的

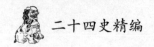

这个建议得到了章宗的支持。

　　由金属货币变成纸币，是经济生活中的一件重大进步，它又反过来促进了经济的发展。但纸币的发展，却是伴随着统治者对百姓的盘剥并行的。高汝砺的工作，一方面帮助金朝统治者盘剥百姓，另一方面确实也起到了促进纸币发展的作用。

（《金史·高汝砺传》等）

人物春秋

攻战征伐立功勋——完颜宗翰

完颜宗翰的本名叫粘没喝，是金国宰相完颜撒改的长子。十七岁时，就英勇冠于三军。等到商议征伐辽国，宗翰与太祖的意见不谋而合。太祖在边境上击败辽军。俘获耶律谢十，撒改派遣宗翰和完颜希尹前来祝贺胜利，当时就建议太祖即皇帝位以示庆贺。等到太宗以下的宗室成员和群臣们都劝太祖登基时，太祖仍然谦让再三，宗翰与阿离合懑、蒲家奴等人进言道："如果不乘此时建立国号，就无法维系天下人之心了。"太祖于是才定下决心。辽国的都统耶律讹里朵率领二十余万人戍卫边境，太祖出兵迎击他们，宗翰指挥右军，在达鲁古城大败辽军。

天辅五年四月，宗翰上奏说："辽国作恶多端，内外人心离散。我朝兴师以来，大业已定，但是辽国还没有扫灭，今后一定会成为祸患，现在乘他们国内不稳，可以出其不意夺取他们的天下。无论从天时还是从人事上说，都不可失去这个机会。"太祖认为他的话有道理，就下令诸路整军备战。五月戊戌，皇帝举行射柳仪式，大宴群臣。皇帝看着宗翰说："今天商议西征，你前后所上的计策十分符合我的心愿。宗室之中虽然有比你年长的人，但如果选择元帅，没有谁能代替你。你应努力训练部队，等待出兵的日期来临。"皇帝亲自为他斟酒，并命他一饮而尽，并解下自己的衣服给他穿上。群臣们说眼下正值天气暑热，这才作罢。没过多久，宗翰担任移赉勃极烈，作为蒲家奴的副职西进袭击辽国皇帝，但未能成行。

十一月，宗翰再次请求说："各部队长期停驻，人人想发奋争先，战马也很健壮，应当乘此时进军攻取中京。"群臣们说此时天气刚刚寒冷，太祖不听这些话，终于采纳了宗翰的意见。于是，忽鲁勃极烈完颜杲担任内外诸军都统，蒲家奴、宗翰、宗干，宗磐任副手，宗峻率领合扎猛安，都领受了金牌，余睹担任向导，攻取中京即北京。攻下中京之后，宗翰率偏师奔赴北安州，与娄室、徒单绰里合兵，大败奚王霞末，北安州于是投降。

宗翰在北安州驻扎部队，派遣希尹经营附近各地，俘获了辽国护卫耶律习泥烈，才得知辽国皇帝正在鸳鸯泺打猎，杀了自己的儿子晋王敖鲁斡，众叛亲离，而且西北、西南两路兵马都是老弱病残，无法用来作战。宗翰派耨盌温都、移剌保向都统杲报告说："辽国皇帝在山西已是穷困交迫，却仍以射猎为事，不忧虑危亡，自己杀死自己的儿子，臣民失望。攻取的策略，希望从速通知。如果有不同意见，我在此亲提偏师去讨伐他，杲派奔睹与移剌保一起来答复说："刚刚接到诏令，不让马上进军山西，应当审核详细后再慢慢议定。"当时，宗翰派人向杲报告时，就已经整顿兵马等着出兵的日期。等奔睹来到，知道杲没有发兵进取的意思，宗翰担心等待与杲约会就可能失去机会，当即决定进军出发。派移剌保再次前往报告都统说："当初受命时虽然没让乘机攻取山西，但也准许我们见机行事。辽人可以攻取，这个形势已经十分明显，一旦失去机会，以后就很难谋取了。现在我已经进兵，应当与大部队会合于什么地方，希望见告。"宗干劝杲同意宗翰的决策，杲才下定决心，约定在奚王岭会合商议。

宗翰进至奚王岭，与都统杲会合。杲的部队出青岭，宗翰的军队出瓢岭，相约在羊城泺会师。宗翰率六千名精锐士兵袭击辽朝皇帝。听说辽朝皇帝从五院司前来拒战，宗翰昼夜行军，一夜至五院司，辽帝逃走。于是派希尹等追赶他。西京又叛乱，耿守忠率五千名士兵来援救，行至城东四十里，蒲察乌烈、谷赦率先迎击，斩首一千余。宗翰、宗雄、宗干、宗峻随继赶到，宗翰率部下从中间冲击耿守忠的部队，让其余的士兵下马从旁边射箭，耿守忠大败而逃，他的人马被歼灭了。宗翰的弟弟扎保迪于是役阵亡。

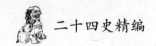

宗翰已经安抚平定了西路的州县部族，在皇帝的临时行宫拜见皇帝，于是跟从皇帝攻取燕京。燕京平定，皇帝赐给宗翰、希尹、挞懒、耶律余睹金器多少不等。由于太祖已经答应把燕京送给宋人，所以把军队撤到鸳鸯泺，身体不适，将要回京师。任命宗翰为都统，昃勃极烈昱、迭勃极烈斡鲁担任他的副手，驻军云中。

太宗即位，诏令宗翰说："托付你独挡一面，应当升迁官职的人，你不用请命即可自行任免。"因而给了他空名宣头一百道。宋人请求割让几个城池，宗翰答复说给武、朔二州。宗翰请示皇帝说："宋人不归返我国叛逃的人，阻绝了燕山往来的道路，以后必定会破坏盟约，请不要割让山西的郡县。"太宗说："先皇帝曾经答应他们了，还是应该给他们。"

手下诸将俘获了耶律马哥，宗翰把他押至京师。皇帝下令给宗翰的部队七百匹马，田种一千石、米七千石赈济新近归附的百姓。诏令说："新归附的百姓，等到可以耕作之时，划分土地让他们居住。"宗翰请求分宗望、挞懒、石古乃的精锐部队讨伐各部。诏令说："宗望所部不能分兵，另外以精锐士兵五千名给你。"宗翰朝拜太祖的陵墓，入见皇帝，说："先皇帝在世时，山西、南京各部的汉族官吏，军帅都可以用皇帝的名义进行任免。现在南京全遵循旧制，只有山西需要朝廷直接任命。"皇帝下诏说："全部按照先皇帝在燕京所下的诏敕从事，

你等根据他们的勤奋与能力来迁升他们的职务。"

宗翰又奏说:"先皇帝在征讨辽国之初,为争取宋朝与我们协力来攻,所以答应把燕地割让给他们。宋人与我们结盟之后,请求增加钱币以求换取山西诸镇。先帝推辞了他们增加的钱币。盟书上说:'不能收容藏匿逃亡的人,以引诱纷扰边境的百姓。'现在宋朝好几路都招纳叛逃之人并厚加赏赐。我们多次开列出叛逃人的名单,向童贯索要,曾经限定日期,用誓书相约束,结果一个人也没送回来。结盟还不到一年,现在已成这样,万世遵守盟约,那里还能指望呢?况且西部边境并未安宁,割去山西各郡,那么各部队就失去了屯驻据守的地点,如果有作战行动,恐怕难以持久,请求暂时搁置不要割让。"皇帝全部同意。

皇帝因为宗翰击败辽国,经营夏国使其奉表称臣,非常嘉许他的功劳,拿出十匹马,让宗翰自己挑选两匹,其余的分赐各位军帅。

斡鲁奏报宋朝不发运岁币及人口,而且将要背叛盟约,所以不可不加以防备。太宗命令宗翰拿着各路的户口簿按上面的登记数字向宋朝索要。之后,阇母再一次奏称宋朝有破坏盟约的各种迹象,宗翰、宗望一起请求讨伐宋朝。于是,谙班勃极烈杲任都元帅职,留居京师,宗翰担任左副元帅,从太原讨伐宋朝。

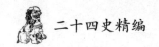

宗翰从河阴出发，降服朔州，攻克代州，包围了太原府。宋朝河东、陕西的军队四万人援救太原，在汾河北岸战败，被斩杀一万余人。宗望自河北直趋汴京，久无音讯，于是留下银术可等围困太原，宗翰率领部队向南进发。天会四年降服平定了几个县和威胜军，攻克了隆德府即潞川。部队进至泽州，宋朝使者来到军中，才得知割让三镇讲和的事。路允迪拿着宋廷割让太原的诏书前来，太原人却拒不受诏。宗翰攻取文水及盂县，再次留银术可围困太原。宗翰乃返回山西。

宋少帝诱使萧仲恭写信给余睹，用复兴辽国的江山社稷来打动他。萧仲恭呈献了这封信，皇帝诏令再次讨伐宋朝。八月，宗翰从西京出发。九月丙寅，宗翰攻克太原，捉住了宋朝经略使张孝纯等。鹘沙虎攻取了平遥，降服了灵石、介休、孝义各县。十一月甲子，宗翰从太原直奔汴京，降服了威胜军。攻克了隆德府，于是攻下了泽州。撒刺答等在此之前已攻破了天井关，进兵逼迫河阳，打败了宋兵一万余人，降服了该城。宗翰攻克了怀州。丁亥，渡黄河。闰月，宗翰率军抵达汴京，与宗望会师。宋朝约定以黄河为两国界限，重新请求和好，但两国没有和解。丙辰，银术可等攻克了汴州。辛酉，宋少帝来到军前，住在青城。十二月癸亥，少帝上奏表投降。皇帝诏令元帅府说："将帅和士卒立有战功的人，按其功劳高下升官并奖赏。那些战死在沙场，为王朝献身的，要优厚地抚恤他们的家属，赐赠官职和封爵务必要从优从厚。"皇帝派完颜勖到军中慰劳赏赐宗翰、宗望，使者都一一握着他们的手以示慰劳。五年四月，宗翰押着宋朝的二位皇帝及其宗族四百七十余人和祐璋、宝印、衮冕、车辂、祭器、大乐、灵台、图书，随大军一道北还。七月，皇帝赐给宗翰铁券，除了谋反和叛逆之罪以外，其余无论何罪都不追究，对他的赏赐非常丰厚。

宗翰奏称，请在河北、河东的府、镇、州、县中选拔以前的资历深、能力强的人出来任职，以安抚新归附的百姓。皇帝派耶律晖等人随从宗翰前行。皇帝又诏令黄龙府路、南路、东京路各于所部选择像耶律晖这样的人派遣给宗翰。宗翰于是奔赴洛阳。宋朝的董植率兵到郑州，郑州人重新反叛。宗翰命令各将进击董植部队，再次攻取了郑州。于是迁移洛阳、襄阳、颍昌、汝州、郑州、均州、房州、唐州、邓州、陈州、蔡州的百姓到河北，而派遣娄室平定陕西的州郡。当时河东一带强盗寇贼还挺多，宗翰就分别留下将领和士兵，在黄河两岸屯兵驻守，自己回师山西。昏德公给宗翰写信"请立赵氏，使他奉职修贡，民心一定欢喜，这是万世之利。"宗翰接到了这封信却没有答复。

康王派遣王师正奉表前来金国，暗中却携康王的信件招诱契丹人和汉人。金人得到了这封信并报告了皇帝。太宗下诏讨伐康王。河北各将领打算停止对陕西用兵，并力南伐。河东诸将认为不可，说："陕西和西夏接邻，事关重要，部队不可撤回。"宗翰说："当初与夏人相约夹攻宋人，而夏人不响应。然而耶律大石在西北，与西夏交结往来。我们舍弃陕西而会师于河北，他们必定会认为我们有急难之事。河北不足为虑，应当首先对陕西用兵，攻略平定五路，削弱西夏之后，然后再攻取宋朝。"宗翰可能是想出兵平掉夏国。议论久未能决，上奏请示于皇帝，皇帝说："康王赵构跑到哪里我们就穷追到那里。等到平定宋朝，应当建立一个如同张邦昌那样的藩辅属国。陕右的土地，也不能放置而不夺取。"于是娄室、蒲察统帅部队，绳果、婆卢火监战，平定陕西。银术可守卫太原，耶律余睹留守西京。

宗翰在黎阳津与东军会合，在濮州与睿宗相会。进军至东平，宋朝知府权邦彦弃家夜逃，遂，把部队驻扎在东平东南五十里处。又攻取了徐州。在此之前，宋人把江、淮地区的金币都运来放在徐州的官库，宗翰全部得到了它，分给各部队。袭庆府前来投降。宋朝济南知府刘豫率城向挞懒投降。于是派遣拔离速、乌林答泰欲、马五去扬州袭击康王，还没有走到一百五十里，马五率领五百名骑兵已先行赶赴到了扬州城下。康王得知金兵前来，已经在前一天晚上渡江了。于是康王写信请求保存赵氏的社稷。在此之前，康王曾经写信给元帅府，称"大宋皇帝构致书大金元帅帐前"，到此时则贬去大号，自称"宋康王赵构谨致书元帅阁下"。他在四月、七月写的两封信都是如此。元帅府答复他的信，招他投降。于是，挞懒、宗弼、拔离速、马五等分道向南进讨。宗弼的部队渡长江攻取建康，进入杭州。康王被逼逃入海上，阿里、蒲卢浑等从明州在海上航行了三百里，没有追赶上。宗弼就率军返回。在这以后，宗翰准备用徐文的计策讨伐江南，与睿宗、宗弼的意见不一致，就停止了。

原先，太宗让斜也担任谙班勃极烈，天会八年，斜也去世，这一位置空了许久。而熙宗是宗峻的儿子，太祖的嫡孙，宗干等人不跟太宗说这件事，太宗也没有立熙宗为皇位继承人的意思。宗翰入京师朝见，对宗干说："皇位继承人的位置空虚的太久了，合剌是先帝的嫡孙，应当册立，不早日确定下来，恐怕此位会授给不应得到的人。我日日夜夜未曾忘却此事。"于是与宗干、希尹商议定，入宫向太宗进言，请求再三。太宗因为宗翰等都是朝廷大臣，情义不可削夺，于是就听从了他们的意见，册立熙宗为谙班勃极烈。于是，宗翰担任了国论右勃极烈，兼都元帅。

熙宗即位，任命宗翰为太保、尚书令、领三省事，封为晋国王。宗翰请求退休，皇帝下诏不许。天会十四年去世，终年五十八岁。追封他为周宋国王。正隆二年，按惯例封他为金源郡王。大定年间，改赠为秦王，谥号为桓忠，灵位安放于太祖庙。

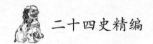

书文精美　知人且明——王庭筠

　　王庭筠字子端，是辽东人。他七岁时学作诗，十一岁时能整首写诗。大定六年考中进士，被任为恩州军事判官，他刚刚从政，就赢得好名声。恩州人邹四图谋造反，事情被发觉，逮捕了一千多人，但邹四却躲藏起来未被捕获。朝廷派大理司直王仲轲审理此案，王庭筠用计捕获了邹四，他分辨出被牵连的人，判犯有预谋罪的只不过有十二个人罢了。

　　明昌元年三月，金章宗传旨于学士院，说道："王庭筠所作的试文，句子太长，我不喜欢，也担心四方学子仿效他。"章宗又对平章张汝霖说："王庭筠文采很好，但行文不够老练，这个人才能高，改进不难。"这年四月，征召王庭筠试馆阁职务，被选中。御史台上奏，说王庭筠在馆陶任职期间曾犯贪污罪，不应安排他在馆阁中任职，于是作罢。王庭筠定居在彰德，在隆虑县购置田地，入黄华山寺读书，因此自号为黄华山人。这年十二月，章宗谈及翰林学士时，感叹人才缺乏，参知政事完颜守贞说："王庭筠就是合适的人选。"明昌三年，朝廷征召他为应奉翰林文字，让他和秘书郎张汝方评品内府所收藏的书法、名画等级，分入选的书法、名画为五百五十卷。

　　明昌五年八月，章宗对宰相说："应奉翰林文字王庭筠，我打算把起草诏诰的任务委任给他，这样的人才是很难得的。近来党怀英作《长白山册文》，很不精美。听说文人们很妒忌王庭筠，不看文章如何，却抓住他的品行进行诋毁。大致说来，读书人好多嘴多舌，或相互结党。过去东汉时的儒生与宦官分别结成党派，这本不足怪。又如唐朝的牛僧孺、李德裕，宋朝的司马光、王安石，他们都是读书人，而互相排斥诋毁，这也真无聊！"遂提拔王庭筠为翰林修撰。

承安元年正月，因受赵秉文上书一事的牵累，被削夺一级，杖打六十，解除职务，这事载在《赵秉文传》中。承安三年，贬降为郑州防御判官。四年，又起用为应奉翰林文字。泰和元年，再任翰林修撰，侍从章宗去秋猎，奉命作诗三十余首，受到章宗的嘉奖。第二年逝世，终年四十七岁。章宗一向知道他贫穷，命有关部门赠钱八十万，供丧葬费用，又搜集他一生所作的诗文，收藏于秘阁。又把亲笔诗作赏给他的家属，诗的小序中说："王遵古，是我的老朋友，他的儿子王庭筠，因有文才被选入宫中任职，前后十年，现在已经去世，玉堂、东观再也找不到这样的人了。"

王庭筠外表清秀伟岸，善于谈笑，表面上看，气质高贵，别人起初不敢接近他，和他见面以后，脸上洋溢着温和的气色，热情诚恳，对对方百般体贴，唯恐不周，别人有一点可取之处，他就满口称赞，过后虽然他人有一百个对不起自己的地方，也

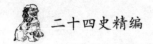

从不计较。和他交往的如韩温甫、路元亨、张进卿、李公度等
人，经他推荐的如赵秉文、冯璧、李纯甫等人，都成为一时的
名人，因此世人称许他有知人之明。

　　王庭筠的文章能充分地表达自己的思想，晚年的诗作格律
严整，七言长诗尤其工于险韵。他著有《聚辨》十卷、文集四
十卷。他的书法学米芾，与赵沨、赵秉文都是书法名家，王庭
筠尤其擅长画山水墨竹。

元

史

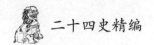

《元史》概论

《元史》二百一十卷，明朝宋濂、王祎等修撰，是一部用时很短而史料价值极高的官修正史。

一

《元史》在正史有其鲜明特点，主要表现在以下两个方面：

首先是编修时间特别早。元朝灭亡的当年（1368），明太祖朱元璋就下令编修《元史》。第二年就组织了以李善长为监修，宋濂、王祎为总裁，赵埙等十六人为纂修的修史班子，立即开局编修。1368 年 8 月，明军攻克大都（今北京），元顺帝率后妃太子仓惶出逃到上都，就当时历史形势而言，元朝灭亡已成定局。但是扩廓帖木儿拥兵山西，李思齐、张良弼等人盘踞陕西，纳哈出据辽阳，梁王把匝剌瓦尔密割据云南，尤其是扩廓帖木儿拥兵数十万，对刚刚建立的明王朝威胁最大。中原大地虽经明军北伐渐次攻克，但留恋前朝的蒙古、色目、汉族地主贵族及前元官僚仍然大有人在。总之担心元朝的残余势力卷土重来成为明太祖朱元璋的一块心病。如何在舆论上宣传元朝已经灭亡、天下已经统一成为明政权的迫切需要。编修《元史》成为明太祖朱元璋实现这一政治目的的极好途径。为了拢络故元遗民，安定社会秩序，招抚与平定割据势力，完成统一大业，巩固新生的明政权，朱元璋急于表明自己是"奉天承运，济世安民"的圣主，新建王朝只不过是继元朝之后中国历史上封建王朝的继续，《元史》一旦修成，就意味着一个朝代的终结，从而消除残元势力复国的幻想，使明王朝成为承继元朝帝统的合法王朝。

总结元朝灭亡的历史教训，使新王朝得以长治久安，是朱元璋急于下诏纂修《元史》的良苦用心所在。朱元璋利用元末农民反元斗争壮大自己的实力，并从而窃取农民战争的胜利果实，建立明王朝。他亲眼目睹了庞大的元帝国被农民推翻的全过程，在他崛起的过程中，他经常与他的谋臣一起总结元朝兴盛和衰亡的历史教训，并以此告诫诸臣和诸子。朱元璋认为"元虽亡国，事当记载，况史记成败、示劝惩，不可废也"。他在下诏修《元史》时深刻地指出："自古有天下国家者，行事见于当时，是非公于后世。故一代之兴衰，必有一代之史以载之。元主中国，殆将百年，其初君臣朴厚，政事简略，与民休息，时号小康。然昧于先王之道，酣溺胡虏之俗，制度疏阔，礼乐无闻。至其季世，嗣君荒淫，权臣跋扈，兵戈四起，民命颠危，虽间有贤智之臣，言不见用，用不见信，天下遂至土崩。然其间君臣行事，有善有否，贤人君子或隐或显，其言行也多可称者。今命尔等修纂，以备一代之史，务直述其事，毋谀美，毋隐恶，庶合公论，以垂鉴戒。"朱元璋的这段话实际上为编修《元史》规定了指导思想和编修方针，通过编修《元史》达到以史为鉴，巩固统治的政治目的。

其次是编修速度特别快，用时特别短。1368年底朱元璋下诏修《元史》。第二年初，在南京天界寺开局，诏中书左丞相李善长为监修，翰林学士宋濂、待制王袆为总裁，汪克宽、胡翰、宋僖、陶凯、陈基、赵

埙、曾鲁、高启、赵访、张文海、徐尊生、黄篪、傅
恕、王祎、傅著、谢徽等十六人为纂修。历时半年就
完成上自太祖、下至宁宗的"粗完之史"，计本纪三十
七卷、志五十三卷、表六卷、传六十三卷、目录二卷，
共一百六十一卷。元顺帝一朝史事，因没有典籍可据，
暂付缺如。同时派遣儒士欧阳佑等采集顺帝一朝的有关
史料，运回京师。洪武三年二月，重新开局修史，纂修
除赵埙以外，另外召来朱右、贝琼、朱世濂、王廉、王
彝、张孟兼、高逊志、李懋、李汶、张宣、张简、杜
寅、俞寅、殷弼等十四人，仍由宋濂、王祎等为总裁。
这年七月初续修《元史》完成，计补修纪十卷、志五
卷、表二卷、传三十六卷。两次合在一起，编成二百一
十卷。全书编纂时间总共三百三十一天。

二

　　忽必烈及其以后的元朝各帝，推行汉法，其中包括
采用中原王朝通常举行的修史制度，如编纂历朝实录和
撰修后妃功臣列传以及各种政书等。《元史》材料的来
源，顺帝以前主要是《元十三朝实录》、《经世大典》和

《元一统志》、《国朝名臣事略》等碑传资料；顺帝朝则据《庚申帝大事纪》等杂史笔记及采访所得。其中《十三朝实录》是蒙元时期最系统、最详细的编年史料，成为明初修《元史》重要参据材料。《经世大典》是元文宗时官修政书，全书八百八十卷，目录十二卷，附录二卷，共十篇，君事四篇，即帝号、帝训、帝制、帝系；臣事六篇，即治典、赋典、礼典、政典、宪典、工典，各典又分若干细目。《元史》志、表部分基本删节自《经世大典》。如《元史》百官志、三公表、宰相表等取自"治典"，食货志大多取自"赋典"，礼乐志、舆服志、历志、选举志取自"礼典"，兵志及外夷传取自"政典"，刑法志取自"宪典"，河渠志取自"工典"，地理志取自"赋典"中"都邑"、"版籍"二目，这二目内容多据虞应龙等人纂修的《元大一统志》。

元朝翰林国史院在编纂各帝实录的同时，也搜集、采摘史料，编纂《后妃功臣列传》，由中书左丞相兼翰林学士承旨、知制诰兼修国史吕思诚任总裁，参加者有周伯琦等。此书未见上书表，可能没有修成，但积累起来的资料肯定是有的，修《元史》时，后妃传及诸功臣、特别是许多没有碑传留下的蒙古、色目大臣、武将的情况，多半采自于此。

《国朝名臣事略》十五卷，苏天爵撰。全书四十七篇名臣事略，起自木华黎，终至刘因，共四十七人，都为元朝前期名臣。《元史》列传中有关人物传记大多取材此书，如《木华黎传》几乎全采此书，又如《许衡传》、《郭守敬传》，王祎原拟稿及定稿也采自此书。《元史》列传按蒙古、色目、汉人、南人的编次也仿照此书。

《元史》编修时的资料相对来说还是比较充足的，但成书仓促，纰漏甚多，历来受到学者们的讥议。如元初开国功臣中，木华黎、博尔忽、博尔术、赤老温等四人号称"四杰"，但《元史》中赤老温缺传，列传中虽有博尔忽之名，却无史实，也等于无传。号称"开国四先锋"之一的大将哲别也没有立传。元世祖忽必烈时代的名相和礼霍孙等重要宰辅大臣也没有立传。这些都是重大的缺漏。《元史》一人两传、两人合一的情况也很严重。由于译名不一，所据史料不同，又缺少彼此互校，因而出现一人两传的情况，如列传中有速不台传，又有雪不台传，有石抹也先传，又有石抹阿辛传，都是同名异译，一人两传。

史实重复、前后矛盾的现象在《元史》中也很普遍。由于纂修者对史料随得随抄，因而书中经常出现一事再书的现象。有的史事记载，前后不一，互相抵牾。史实也有错乱的，史料中没有庙号的皇帝，改写时常常弄错，太祖误为太宗，太宗误为太祖等张冠李戴的现象也很普遍。《元史》出现这些错误，受到种种指责不是偶然的，造成这种情况的原因有，一是朱元璋急于成书，纂修者因时间仓促，根本没有时间认真考订研究分析，只得照抄各种资料，略加删节，辑集成书，应付了事。二是主持修史的宋濂和王祎二人都是"词华之士"，"本非史才"；而临时起征的"山林遗逸之士"，"皆草泽腐儒，不谙掌故，一旦征入书局，涉猎前史，茫无头绪，随手捃扯，无不差谬"。三是元代史料内容的贫乏，也增加了修史者的困难，实录和《经世大典》、《大元一统志》等本身有不少问题。

《元史》尽管存在上述很多缺点，但没有任何理由加以轻视，它仍然有较高的史料价值。宋濂等修史时对全书各篇都不作论赞，基本上是照抄照搬，只是略有删节而已。因而《元史》基本上保留了元朝原始材料的本来面目，比较接近历史实际。《元史》的本纪部分，除顺帝一朝外，其他均是现已失传的元代列朝实录的摘抄。《元史》志、表部分，除顺帝一朝外，绝大部分采自元文宗时官修现已散失的《经世大典》。列朝实录和《经世大典》，对于研究元史有着特殊重要的意义，它们的许多内容只能在《元史》中才能看到。《元史》的列传，一部分采自元朝官修的后妃功臣列传，一部分采自私家的家传、神道碑、墓志铭等。后妃功臣列传原稿早已散失，作为《元史》依据的某些家传、碑铭也已不再存在，因此《元史》列传中也有不少值得重视的资料。作为保存至今最早的、相对完备的元代史料，《元史》的历史地位和史料价值不可忽视。

《元史》成书后，当年就刻板付印，最早的版本通常称为洪武本，也就是祖本。其后又有南监本和北监本。清代有武英殿本和道光本。1935 年商务印书馆影印的百衲本，以残洪武本和南监本合配在一起影印，最接近于祖本。1976 年中华书局以百衲本为底本，参照各种版本进行校勘，出版了新标点本，是目前最好的版本。

三

关于本纪。《元史》本纪四十七卷，几占全书四分之一。其中《太祖记》一卷，除记载太祖铁木真一生活动外，还记载了其先十世的简单情况和世系。《太宗、定宗纪》一卷，《宪宗纪》一卷，《世祖纪》一十四卷，《成宪纪》四卷，《武宗纪》二卷，《仁宗纪》三卷，《英宗纪》二卷，《泰定帝纪》二卷，《明宗纪》一卷，《文宗纪》五卷，《宁宗纪》一卷，《顺帝纪》十卷。《世祖纪》和《顺帝纪》共二十四卷，占本纪的一半以上，而蒙古前四汗，即太祖、太宗、定宗、宪宗的本纪又过于简略。太宗、定宗合一卷，定宗死后三年之间竟未记一事，有人认为显然属于漏落。前四汗本纪，特别是太祖本纪，记述了十三世纪初蒙古族的兴起，成吉思汗统一蒙古各部，建立国家，并东征西讨，向外扩张的情形。《世祖纪》详述忽必烈率兵南下，逐渐采用汉法，建立元朝，灭金亡宋，统一中国，各种制度相继建立，统治阶级内部矛盾激化，是本纪中最详也是最重要的内容。元朝中期，由于国家统一和社会相对比较安定，使农业生产得到恢复和发展，手工业生产取得显著进步，商业、中外经济文化交流、城市经济空前活跃，这些在元朝中期各帝本纪中都有一定程度的反映。顺帝本纪较详，比较集中地反映了元末民族矛盾、阶级矛盾的加剧以及元末农民起义等情形。

元太祖成吉思汗是蒙古开国君主，闻名世界的军事统帅。他戎马一生，搏击一世。他率领蒙古铁骑，以其卓越的军事才能和一往无前、不惜一切代价克敌致胜的坚韧精神，东征西讨，南攻北伐，所向无敌。从森林环绕的贝加尔湖到流水滔滔的申河（即印度河），从咸海周围的大草原到古老中国的华北大平原，到处都有他战马驰骋留下的足迹。在欧亚大陆上，建立起一个空前庞大的蒙古帝国。《元史·太祖本纪》是我们了解蒙古族早期历史和成吉思汗本人的资料之一。

窝阔台是蒙古国第二代大汗，成吉思汗之子。从青年时代起，窝阔台便跟随成吉思汗征服漠北诸部，攻伐金朝。即大汗位后，强化国家机器，提高大汗权威，始创朝仪制度；始置仓廪，确立驿站制度，推动草原社会经济发展。《元史》说在他的统治下，"量时度力，举无过事，华夏富庶，羊马成群，旅不赍粮，时称治平"。是蒙古族发展史上的一位重要人物，《元史·太宗纪》记叙了他的事迹。

元世祖忽必烈是元朝的创建者，他年青时就想有所作为，对学习和吸收中原汉文化持积极、开明的态度。在即汗位之初，忽必烈排除保守贵族的干扰，宣布鼎新革故，锐意推行汉法。实行安业力农的国策，以中原王朝为榜样，同时部分保留充分保障蒙古贵族特权的一些旧制，确立了中央集权的封建统治体系及相应的典章制度，奠定了有元一代之制。1279 年，忽必烈灭掉南宋，在中国历史上建立了第一个少数民族统治的空前庞大的全国性政权，即元朝。《元史·世祖本纪》对忽必烈的所作所为有较为详细的叙述。

元顺帝妥欢贴睦尔，是元朝末代皇帝。即位之初，任命有拥戴之功的伯颜，为中书右丞相。这时元朝统治阶级内部矛盾异常激烈，同时社会矛盾不断加剧。不久元顺帝支持脱脱逐走伯颜，重用儒士，恢复科举取士，开马禁，减盐额，修辽、金、宋三史。但这些措施并没有挽救元朝的社会危机，不久农民起义爆发，元朝灭亡。《元史·顺帝本纪》对这段历史的演变过程及其原因有较详细的记叙。

四

关于列传。《元史》列传共九十七卷，记载了一千二百多人。立传名目与前史大同小异，计有后妃、宗室、儒学、良吏、忠义、孝友、隐逸、列女、释老、方技工艺、宦者、奸臣、逆臣。《元史》列传突出的弊端是蒙古色目人立传太少，有些传纪内容空洞，如丞相见

170

于宰相表的蒙古人有五十九人，立传的人不及一半；见于宰相表的色目人更多，立传的更少；太祖诸弟、诸子仅各有一人立传，太宗以后皇子竟无一人立传。

元朝建立过程中涌现出不少英雄人物。在开国功臣中，木华黎、博尔忽、博尔术、赤老温号称"四杰"。木华黎追随成吉思汗，参与统一蒙古高原各部的战争，屡立战功。后来参加指挥进攻金朝的战争，攻取辽东、辽西等地。成吉思汗西征时，封木华黎为太师国王，负责率各族军队征取太行山以南各地，连破河北、河东、山东等地，在这些军事行动中，他改变了以往蒙古军春去秋来、一味屠杀掠劫的办法，意在长期占领。后在山西病死。速不台与折里麦、哲别、虎必来并称开国四先锋。早年，速不台追随成吉思汗，参加统一漠北诸部的战争，战功卓著。后参与指挥攻金战争并随从蒙古军西征。阅读他们的传记可以从一个侧面了解蒙古族兴起和强盛的过程。

元朝建立后，对于采取什么政策来统治汉族地区，元统治者内部意见不一。窝阔台时，蒙古近臣别迭等人主张"汉人无补于国，可悉空其人以为牧地"。汉化很深的耶律楚材是契丹族人，他反对这种倒退措施，主张实行汉法统治。忽必烈时期，蒙古贵族中仍然有反对实行汉法者，中原汉族学者上书忽必烈，认为只有实行汉法，统治才能长久。当时蒙古已经统治中原地区，为了巩固统治，他不得不任用了大批汉人，采用汉法。汉族地主董文炳、程钜夫等人都受到重用。忽必烈曾亲切地称呼董文炳为董大哥，董文炳的兄弟和后代也受到元朝统治者的重用。程钜夫被忽必烈任命为御史中丞，有人说他是"南人"，不应担此重任，忽必烈斥责说，你们没用过南人，怎么知道不可用呢？并要求省、部、台、院等部门都要参用南人。程钜夫还奉命到江南求贤。他乘此机会推荐了赵孟𬱟等二十多名江南士人。姚枢和许衡也是被人推荐而受到重用的。元朝统治者对汉族以外的其他少数民族的上层人物也都极力笼络。契丹人耶律楚材被召用后，倍受重用，他在蒙古成吉思汗、窝阔台两大汗时期任事将近三十年，官至中书令，元代立国规模多由他奠定。八思巴是元代第一代帝师，喇嘛首领。八思巴见了忽必烈之后，备受崇敬，被封为国师。阅读上述人的传记，可以了解到蒙古贵族如何一步一步地加强自己的统治，促进蒙古族封建化的进程。

元朝统治者以理学作为维护封建统治的思想工具。蒙古统治北方之初，北方儒士对南方理学知之甚少，南宋理学家朱熹、陆九渊等人的著作在北方很少流传。蒙古灭金后，北方一些儒士如窦默、郝经、许衡等逐渐受到重用。他们与姚枢、刘因等迅速成长为理学家。理学在北方广为传播那是理学家赵复被俘到北方之后的事。赵复到燕京后，受到忽必烈的召见，后来在燕京设立太极书院，由赵复讲授程朱理学的书目、宗旨、师承关系，从而培养了一大批理学家。其中许衡、刘因、吴澄被称为元代三大理学家。许、刘力主朱学，吴氏则调和朱陆二派。许衡等人与过去空谈性命不同，比较倾向日用生理，提出"治生论"。刘因等理学家提出返求六经的主张，比较务实。元代理学的这些变化趋势，在理学中起着承上启下的作用，成为明清理学思想的滥觞。阅读这些理学家的传记，可以加深对理学发展阶段及其特色的深刻理解。

脱脱、欧阳玄、吕思诚等人的传记，除记载他们的生平事迹外，对元修辽、金、宋"三史"的情况也有所反映，阅读它们可以加深对元修三史历史背景的了解。

元代的科学技术取得了突出的成就。其代表成果有王祯的《农书》、《大元一统志》的编纂等。其中郭守敬的成就特别重要。他是一位在天文、水利、数学等多

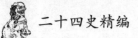

方面取得成就的科学家。他制定的《授时历》是中国古代推算最精确和使用最久的历法。他创制的简仪比欧洲十六世纪末叶丹麦天文学家第谷·布拉赫发明的同样仪器早三百年。

元　史

政　略

忽必烈消疑

　　丙辰①，枢②入见。或谗王府得中土心，宪宗遣阿蓝答儿大为钩考③，置局关中④，以百四十二条推集经略宣抚官吏，下及征商无遗，曰："俟终局日，入此罪者惟刘黑马、史天泽以闻⑤，余悉诛之。"世祖闻之不乐。枢曰："帝，君也，兄也；大王为皇弟，臣也。事难与较，远将受祸。莫若尽王邸妃主自归朝廷，为久居谋，疑将自释。"及世祖见宪宗，皆泣下，竟不令有所白而止，因罢钩考局。

（《元史·姚枢传》）

【注释】

　　①丙辰：即丙辰日，时元宪宗在位。②枢：指姚枢（公元1201—1278 年），元初政治家、理学家，字公茂，号雪斋、敬

175

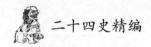

斋，先世自柳城入迁洛阳，少年时学习勤奋，后参与朝政，终于翰林学士承旨之职。③"宪宗遣"句：宪宗，指元宪宗蒙哥。阿蓝答儿，元宪宗之臣。④关中：地名，即今陕西省。⑤"入此罪"句：刘黑马，元前期大臣。史天泽，元朝大将。

【译文】

丙辰日，姚枢入王府拜见世祖忽必烈。有人进谗言说忽必烈亲王有夺得中原的野心，宪宗蒙哥派阿蓝答儿大规模清查，并在关中设立钩考局，阿蓝答儿用 142 条法令来推究所有的经略宣抚等官员，最小的连征收商人赋税的小吏也不放过，宪宗说："等最后关闭钩考局的那一天，被清查有罪的人只将刘黑马、史天泽的情况呈报上来，其余的人一概诛杀。"世祖忽必烈听说后很不高兴。姚枢劝告说："宪宗，是君王，是长兄；大王是皇上的兄弟，是大臣。这件事情你很难与皇上计较，如果再疏远皇上你将遭受灾难。不如大王你自动将王府所有的嫔妃侍妾送到朝廷，作长久居住的打算，那么宪宗的猜疑就会自动消除。"等世祖忽必烈拜见宪宗蒙哥时，两人都流下了眼泪，宪宗不等世祖辩白就消除了猜疑，于是罢除钩考局。

赛典赤治云南

十一年，帝谓赛典赤①曰："云南朕尝亲临，比因委任失宜，使远人不安，欲选谨厚者抚治之，无如卿者。"赛典赤拜受命，退朝，即访求知云南地理者，画其山川城郭、驿舍军屯、夷险远近为图以进，帝大悦，遂拜平章政事②，行省云南。时宗王脱忽鲁方镇云南，惑于左右之言，以赛典赤至，必夺其权，具甲兵以为备。赛典赤闻之，乃遣其子纳速剌丁先至王所，请曰："天子以云南守者非人，致诸国背叛，故命臣来安集之，且戒以至境即加抚循，今未敢专，愿王遣一人来共议。"王闻，遽骂其下曰："吾几为汝辈所误。"明日，遣亲臣撒满、位哈乃等至，赛典赤问以何礼见，对曰："吾等与纳速剌丁偕来，视犹兄弟也，请用子礼见。"皆以名马为贽，拜跪甚恭，观者大骇。乃设宴陈所赐金宝饮器，酒罢，尽以与之，二人大喜过望。明日来谢，语之曰："二君虽为宗王亲臣，未有名爵，不可以议国事，欲各授君行省断事官，以未见王，未敢擅授。"令一人还，先禀王，王大悦。由是政令一听赛典赤所为。有土吏数辈，怨赛典赤不已，用至京师诬其专僭数事。帝顾侍臣曰："赛典赤忧国爱民，朕洞知之，此辈何敢诬告！"即命械送赛典赤处治之。既至，脱其械，且谕之曰："若曹不知上以便宜命我，故诉我专僭，我今不

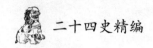

汝罪,且命汝以官,能竭忠以自赎乎?"皆叩头拜谢曰:"某有死罪,平章既生之而又官之,誓以死报。"

（《元史·赛典赤赡思丁传》）

【注释】

①赛典赤:即赛典赤·赡思丁,又名乌马儿,元代名臣。②平章政事:官职名称,从一品,为丞相副职。

【译文】

元世祖十一年,皇帝忽必烈对赛典赤说:"云南我曾经去过,只是因为官员委任失当,使远在京城的人们很不安心,因此想选派谨慎温厚的官员前去安抚治理那里,没有人比你更合适的。"赛典赤拜谢接命,退朝回家后,立即探访寻求了解云南地理形势的人,勾画出云南的山川城郭、驿站军屯、远近险要地势的地图,进呈给世祖,皇帝忽必烈大喜,就命他担任平章政事之职,前往治理云南。当时宗王脱忽鲁正好镇守云南,听信左右手下人的谗言,以为赛典赤来了,一定会夺走他手中的权利,于是准备好了甲士作为防备。赛典赤听说后,便委派他的儿子纳速剌丁先到宗王的府所,请示说:"皇上认为治理云南的官员委任不当,以至于诸侯国纷纷背叛,所以命令我前来安抚治理,并且告诫我一到云南境内就要注意安抚调和,现在我不敢独断专行,希望宗王您派一人前来一齐商议这件事。"

宗王听后，马上怒骂手下人说："我差点被你们害了。"第二
天，便派亲信侍臣撒满、位哈乃等人到赛典赤处，赛典赤问他
们用什么礼节见面，他们回答说："我们与纳速剌丁一齐前来，
犹如兄弟，那么我们请求用晚辈的礼节拜见您。"他们都用名
马作为晋见礼，行跪拜之礼非常恭敬，旁边的人也都很畏服。
于是摆设宴席陈设皇上赏赐的金银饮器和珍品，酒宴后，全部
都赏给了他们，这两位近臣都非常高兴。第二天他们又来拜谢，
赛典赤对他们说："你们二位虽然是宗王的亲近侍臣，但是没
有官职和爵位，不能够参议国家政事，本想分别授予你们行省
断事官之职，只是由于没有亲自拜见宗王，不敢擅自授予你们
职务。"于是让一个人回去，先禀告宗王，宗王非常高兴。因
此政令全部听凭赛典赤施行。有当地的数名官吏，非常怨恨赛
典赤，就利用到京城的机会诬告赛典赤有很多越权专断的事情。
世祖对侍臣们说："赛典赤忧国爱民，我对他了解很深，这些
人怎么敢诬告他呢！"马上下令械送诬告者到赛典赤处由他亲
自处治。到达后，赛典赤打开他们的枷锁，教谕他们说："你
们不知道是皇上将抚治云南之事委任给我，所以控诉我专权越
职，我现在不怪罪你们，并且还要委任你们官职，你们能竭诚
效忠以挽回自己的过失吗？"那些土吏都叩头拜谢说："我们都
有死罪，平章您不仅不杀我们，还委任我们官职，我们发誓要
以死来报答您呀。"

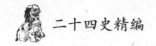

拜住斗铁木迭儿

时右丞相铁木迭儿①贪滥谲险，屡杀大臣，鬻狱卖官，广立朋党，凡不附己者必以事去之，尤恶平章王毅、右丞高昉，因在京诸仓粮储失陷，欲奏诛之。拜住密言于帝曰②："论道经邦，宰相事也，以金谷细务责之可乎？"帝然之，俱得不死。铁木迭儿复引参知政事张思明为左丞以助己。思明为尽力，忌拜住方正，每与其党密语，谋中害之。左右得其情，乘间以告，且请备之。拜住曰："我祖宗为国元勋，世笃忠贞，百有余年。我今年少，叨受宠命，盖以此耳。大臣协和，国之利也。今以右相仇我，我求报之，非特吾二人之不幸，亦国家之不幸。吾知尽吾心，上不负君父，下不负士民而已。死生祸福，天实鉴之，汝辈毋复言。"未几，奉旨往立忠献王碑于范阳③。铁木迭儿久称疾，闻拜住行，将出莅省事，入朝，至内门，帝遣速速④赐之酒，且曰："卿年老宜自爱，待新年入朝未晚。"遂怏怏而还。然其党犹布列朝中，事必禀于其家，以拜住故不得大肆其奸，百计倾之，终不能遂。

（《元史·拜住传》）

元　史

【注释】

①铁木迭儿：人名，历事元世祖、元仁宗，元仁宗时累官右丞相，专横贪婪，后以疾卒于家中。②"拜住密言"句：拜住，元英宗大臣，生于公元1298年，公元1323年被杀。帝，即元英宗硕德儿剌（公元1303—1323年）。③范阳：地名，在今北京市城区西南。④速速：元英宗时大臣。

【译文】

英宗硕德八剌在位时，右丞相铁木儿迭贪得无厌，阴险狡诈，多次矫杀大臣，卖官鬻爵，干涉案件审判，到处勾结同党，凡是不归附自己的人都要找借口除去，铁木迭儿尤其憎恶平章王毅、右丞相高昉。由于京城的一些粮仓失窃了，铁木迭儿便想奏请诛杀他们两人。拜住秘密地向皇帝进言说："决定政策治理国家，是宰相的职责，以粮仓失窃这样的琐细事务处死他们可以吗？"英宗深以为然，于是王毅和高昉才得以不死。铁木迭儿又引荐参知政事张思明为左丞相来帮助自己作恶害人，张思明为竭力报效铁木迭儿，很忌恨拜住刚正不阿，屡次与他的同党秘密商议，图谋中伤陷害他。拜住的左右亲信得到这个情况，乘机告诉了拜住，并请求防备张思明的陷害。拜住说："我的祖宗是开国元老功臣，历世都忠贞厚道，已经有一百多年了。我现在很年轻，承蒙皇上的宠爱信任，也是由于家族的

181

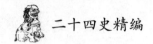

原故。大臣之间和睦相处，这是国家的福气。现在你们告诉我右丞相敌视我的消息，我希望报复他，这不只是我们两个人的不幸，也是国家的不幸。我只知竭尽忠心，对上不辜负君王，对下不辜负老百姓而已。生死祸福，上天可以明鉴，你们不要再多说了。"不久，拜住奉旨前往范阳立忠献王碑。铁木迭儿很长时间都称病不出，听说拜住离京出行，将要到外面去办事，便想入朝进见皇帝，到内宫门的时候，英宗派速速赐给铁木迭儿御酒，并说："你年纪老了，应该洁身自好，等新年里再入朝进见也不晚。"铁木迭儿闷闷不乐地返回。然而他的党羽仍布满了朝廷，有事情就一定会到他家去禀报，只是由于拜住的缘故不能放肆地施行他们的奸谋，于是想尽很多计谋来陷害他，但最终还是没能成功。

元仁宗整饬朝政

二年八月，立尚书省，诏太子兼尚书令，戒饬百官有司，振纪纲，重名器，夙夜以赴事功。詹事院[1]臣启金州献瑟瑟洞，请遣使采之，帝曰："所宝惟贤，瑟瑟何用焉？若此者，后勿复闻。"先是，近侍言贾人有售美珠者，帝曰："吾服御雅不喜饰以珠玑，生民膏血，不可轻耗。汝等当广进贤才，以恭俭爱人相规，不可以

182

元 史

奢靡蠹财相导。"言者惭而退。

(《元史·仁宗本纪》)

【注释】

①詹事院：太子官署，掌管辅导皇太子的事务。

【译文】

元仁宗二年八月，设立尚书省，诏太子兼任尚书令，告诫百官有司，重振纲纪，重视贤才，办事情务求全力以赴。詹事院大臣启金州上奏说发现瑟瑟洞，请求派人前去开采。皇帝说："我所宝贵的是贤才，珠宝有什么用呢？像这样的事情，今后不要向我奏告。"起先，近侍说有商人出售很好看的珠宝，皇帝说："我穿衣服向来不喜欢用珠宝装饰，老百姓的钱财，不应该轻易浪费掉。你们应当广罗贤才，以恭俭爱人来互相约束，不应该以奢侈耗财来引导他人。"近侍羞愧地退下去。

武宗之立

成宗①大渐，丞相哈剌哈孙答剌罕称疾卧直庐中。脱脱②适以使事至京师，即俾驰告武宗以国恤。时仁宗奉兴圣太后至自怀孟③。既定内难，而太后以两太子星

183

命付阴阳家推算，问所宜立者，曰："重光大荒落有灾，旃蒙作噩长久。"重光为武宗年干，旃蒙为仁宗年干。于是太后颇惑其言，遣近臣朵耳谕旨武宗曰："汝兄弟二人皆我所出，岂有亲疏？阴阳家所言运祚修短，不容不思。"武宗闻之，默然，进脱脱而言曰："我捍御边陲，勤劳十年，又次序居长，神器所归，灼然何疑。今太后以星命休咎为言，天道茫昧，谁能豫知？设使我即位之后，所设施者上合天心，下副民望，则虽一日之短，亦足垂名万年，何可以阴阳之言乖祖宗之托哉！此盖近日任事之臣，擅权专杀，恐我他日或治其罪，故为是奸谋动摇大本耳。脱脱，汝为我往察事机，疾归报我。"脱脱承命即行。武宗亲率大军由西道进，按灰④由中道，床兀儿⑤由东道，各以劲卒一万从。脱脱驰至大都⑥，入见太后，道武宗所授旨以闻。太后愕然曰："修短之说虽出术家，为太子周思远虑乃出我深爱。贪憨已除，宗王大臣议已定，太子不速来何为？"时诸王秃列等侍，咸曰："臣下翊戴嗣君，无二心者。"既而太后、仁宗屏左右，留脱脱与语曰："太子天性孝友，中外属望。今闻汝所致言，殆有谗间。汝归速为我弥缝阙失，使我骨肉无间，相见怡愉，则汝功为不细矣。"脱脱顿首谢曰:"太母、太弟不烦过虑,臣侍藩邸历年,颇见信任,今归当即推诚竭忠以开释太子。后日三宫共处,靡有嫌隙,斯为脱脱所报效矣。"先是,太后以武宗迟回不至,已遣阿沙不花⑦往道诸王群臣推戴之意。及是脱脱继往,行至旺古察⑧,武宗在马轿中望见其来,趣使疾驰,与之共载。脱脱具致太后、仁宗之语,武宗乃大感悟,释然无疑。遂遣阿沙不花回报。仁宗即日命驾奉迎于上都。武宗正位宸极,乃尊太后为皇太后,立仁宗为皇太子,三宫协和,脱脱兄弟之力为多。

(《元史·康里脱脱传》)

【注释】

①成宗:即元成宗铁穆耳(公元1265—1307年)。②脱脱:即康里脱脱,元武宗时重臣,对元武宗即位起了一定的作用。③"时仁宗"句:仁宗,即元仁宗爱育黎拔力八达(公元1285—1320年)。兴圣太后,即元成宗铁穆耳皇后。怀孟,地名,即今河南沁阳。④按灰:人名,元武宗时大臣。⑤床兀儿:人名,元武宗时大臣。⑥大都:地名,元朝都城,即今北京。⑦阿沙不花:人名,康里国王族(康里国即今乌兹别克共和国撒马尔罕一带),为元朝功臣。⑧旺古察:地名,在今河北境内。

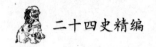

【译文】

　　元成宗铁穆耳的疾病加重，丞相哈剌哈孙答剌罕称病睡在值班房中，康里脱脱刚好到京城，他得知情况后马上派人把成宗病危的消息急告给武宗海山。当时仁宗爱育黎拔力八达侍奉兴圣皇太后从怀孟赶到京城，平定了内部变乱后，皇太后将两位皇太子的星宿命相交给阴阳家推算，并问该拥立谁，阴阳家说："重光的命相虽是老大，但处在偏远的角落，将有灾难，旃蒙的命相虽然不好，但可以长久。"重光是武宗海山的年岁干支，旃蒙是仁宗爱育黎拔力八达的年岁干支。由于皇太后对这些话非常疑惑，于是派近臣朵耳传旨诏谕元武宗说："你们兄弟两人都是我所生的，怎么会有亲疏之分呢？然而阴阳家所说的天运帝位的长短，由不得不考虑呀。"武宗听后，不语，经过思考后他决定派脱脱向太后进言说："我捍卫边疆，辛勤劳苦十年，按年龄次序居于长位，帝位该归我，这是很明显的事情，有何可疑。现在皇太后以星宿命相制止灾祸为理由让我避位，但是天道运行迷茫不清，谁能够预先知道？假使我登上帝位后，所施实的政策上符合天意，下满足百姓的愿望，那么即使在位很短时间，也足以万世留名，怎么可以依据阴阳家的话来违背祖宗的嘱托呢！这大概是现在掌权的大臣，专权横暴，擅杀无辜，唯恐我他日惩治他的罪行，所以制造了这件阴谋企图来动摇帝位统治呀。脱脱，你为我前去观察事情的变化，一

有情况马上回来报告我。"脱脱领命立即出发。武宗亲自率领
大军由西路出发，按灰由中路，床兀儿由东路进发，各自都统
领一万精兵跟随。脱脱急驰至大都，入宫拜见太后，详细向皇
太后陈述了武宗传达给他的旨意。皇太后惊奇地说："太子在
位长短的说法虽然出自阴阳家之口，但是为太子深思远虑却是
出于我的深爱之心。图谋不轨的奸臣已被除去，宗王大臣们的
计议已经作出，太子为什么不赶快前来?"当时诸王秃列等人
侍立在旁，都说："我们辅佐拥戴太子为皇帝，绝对没有二心
呀。"不久太后、仁宗屏退左右大臣，单独留下脱脱告诉他说：
"太子生性孝顺，天下人对他寄予了希望。现在听到你所转达
的话，大概有人离间我们母子关系。你赶快回去为我们弥补这
个缺憾，使我们母子不致产生隔阂，相见之时没有不能之事，
那么你的功劳也不小啊。"脱脱叩头拜谢说："皇太后、皇太弟
不必太过烦虑，我在王府侍奉太子已经有很多年了，非常得太
子信任，现在回去一定竭诚尽忠向皇太子解释清楚这件事情。
往后三宫一同相处，很少会有隔阂，这是我康里脱脱所应该报
效的事情呀。"起先，皇太后由于武宗海山犹豫迟疑不肯到京
师，已经派阿沙不花前往陈述诸王和群臣推戴拥立的意思。等
到脱脱接着前往，行到旺古察时，武宗海山在马轿中望见脱脱
前来，急忙派使者疾驰前往迎接，与他共乘一车。脱脱详细转
达了皇太后及仁宗的话，武宗海山于是豁然感悟，心中的疑虑

全部都消失了，于是派阿沙不花回报两宫。仁宗当日命令出动车驾到上都奉迎武宗。元武宗海山正式登上帝位。于是尊奉太后为皇太后，册立仁宗爱育黎拔力八达为皇太子，三宫相处和睦，脱脱兄弟出力最多。

成宗征伐八百媳妇国

五年，同列有以云南行省左丞刘深计倡议曰："世祖以神武一海内，功盖万世。今上嗣大历服，未有武功以彰休烈，西南夷有八百媳妇国^①未奉正朔，请往征之。"哈剌哈孙^②曰："山峤小夷，辽绝万里，可谕之使来，不足以烦中国。"不听，竟发兵二万，命深将以往。道出湖广，民疲于馈饷。及次顺元^③，深胁蛇节^④求金三千两、马三千匹。蛇节因民不堪，举兵围深于穷谷，首尾不能相救。事闻，遣平章刘国杰^⑤往援，擒蛇节，斩军中，然士卒存者才十一二，转饷者亦如之，讫无成功。帝始悔不用其言。会赦，有司议释深罪。哈剌哈孙曰："徼名首衅，丧师辱国，非常罪比，不诛无以谢天下。"奏诛之。

（《元史·哈剌哈孙传》）

【注释】

①八百媳妇国：即今泰国北部等地。②哈剌哈孙：元朝大臣，敢于直言，是为忠臣。③顺元：地名，在今贵州市附近。④蛇节：元朝彝族首领，土官阿那之妻，领兵反抗暴政，兵败身死。⑤刘国杰：元前期武将，字国宝，号刘二拔都，平叛有功。

【译文】

元成宗大德五年，哈剌哈孙的同僚将云南行省左丞相刘深的计议，启奏成宗说："世祖凭着神勇武力一统海内，他的业绩定会功盖万世。现在皇上承袭皇位执掌天下，还没有过武功业绩来显示你伟大美好的事业呀，西南蛮夷部落的八百媳妇国至今还未接受我国的统治，请求出兵征讨他们。"哈剌哈孙驳斥说："山高路远的蛮夷之国，离我们非常遥远，可派使者诏谕他们前来归附，不值得出动我们的军队。"成宗不听，派出两万士兵，任命刘深统率前往征伐。军队经过湖广行省境内，老百姓都被集军饷搞得非常穷困。军队抵达顺元时，刘深胁迫蛇节交纳三千两黄金，三千匹马。蛇节由于百姓不能忍受，就发动军队叛乱，将刘深围在深山险谷之中，使他的军队首尾不能相援。朝廷得知这一消息后，派平章刘国杰前去援救，刘国杰生擒蛇节，并斩杀于军中。然而刘深的士兵活下来的才只有十分之一、二，所调拨的军饷也是如此，最后还是没有成功。

成宗皇帝开始后悔不听哈剌哈深的谏言。刚好大赦，有关部门商议免去刘深的罪行。哈剌哈孙说："刘深沽名钓誉，丧师辱国，不是一般的罪行可以相比的，不诛杀他就不能向天下人谢罪。"于是奏请诛杀他。

彻里力劾桑哥

二十四年，分中书为尚书省。桑哥①为相，引用党与，钩考天下钱粮，凡昔权臣阿合马②积年负逋，举以中书失征，奏诛二参政。行省乘风，督责尤峻。主无所偿，则责及亲戚，或逮系邻党，械禁榜掠。民不胜其苦，自裁及死狱者以百数，中外骚动。廷臣顾忌，皆莫敢言。彻里③乃于帝前，具陈桑哥奸贪误国害民状，辞语激烈。帝怒，谓其毁诋大臣，失礼体，命左右批其颊。彻里辩愈力，且曰："臣与桑哥无仇，所以力数其罪而不顾身者，正为国家计耳。苟畏圣怒而不复言，则奸臣何由而除，民害何由而息！且使陛下有拒谏之名，臣窃惧焉。"于是帝大悟，即命帅羽林三百人往籍其家，得珍宝如内藏之半。桑哥既诛，诸枉系者始得释。复奉旨往江南，籍桑哥姻党江浙省臣乌马儿、蔑列、忻都、王济，湖广省臣要束木等，皆弃市，天下大快之。

（《元史·彻里传》）

【注释】

①桑哥：元朝奸臣，丹巴国师之弟子，为人狡黠专横，为世祖所诛。②阿合马：元初期大臣，回回人，为世祖时奸臣，专权自用，贪赃不法，后被击杀。③彻里：元世祖时大臣，曾祖为元初功臣，为官正直，不畏强横。

【译文】

元世祖二十四年，忽必烈分中书省，设立尚书省。桑哥担任尚书省丞相，运用亲信同党，清查国家征收的赋税钱粮，凡是以前权臣阿合马历年的亏空和拖欠，都归为中书省没有征收，桑哥上奏请求诛杀中书省的两位参知政事。行中书省也一齐清查，监督执行非常严格。只要谁偿还不了拖欠，就会祸及亲戚朋友，有时候还逮捕邻居街坊，拘禁关押，用刑毒打。老百姓忍受不住这种痛苦，自杀的及死在狱中的数以百计，朝廷内外震动。朝中大臣顾忌桑哥，都不敢直言。彻里于是在世祖面前，详细奏明了桑哥为奸作恶祸国殃民的罪状，言辞非常激烈。世祖大怒，斥责他诋毁中伤大臣，有失礼义体统，命令左右侍臣掌他的脸。彻里更奋力声辩，并说："我与桑哥没有仇恨，之所以极力陈明他的罪状而不顾身家性命，正是为国家。假使惧怕皇上震怒而不再直言，那么奸臣怎么样才能铲除，人民遭受的灾害怎样才能止息！况且还会使皇上有拒绝进谏的恶名，我私下里为皇上感到担忧。"于是世祖恍然大悟，当即命他率三百名羽林军前去查抄桑哥的家产，得到的珍奇异宝有皇宫半数之多。桑哥被诛杀以后，众多被错抓的人才得以释放。彻里又奉旨前往江南，查抄桑哥的同党江浙省臣乌马儿、蔑列、忻都、王济以及湖广省臣要束木等人家产，并将他们都斩首于市，天下老百姓都拍手称快。

阿鲁浑破谣言

会有江南人言宋宗室反者，命遣使捕至阙下。使已发，阿鲁浑萨理①趣入谏曰："言者必妄，使不可遣。"帝曰："卿何以言之？"对曰："若果反，郡县何以不知。言者不由郡县，而言之阙庭，必其仇也。且江南初定，民疑未附，一旦以小民浮言辄捕之，恐人人自危，徒中言者之计。"帝悟，立召使者还，俾械系言者下郡治之，言者立伏，果以尝贷钱不从诬之。帝曰："非卿言，几误，但恨用卿晚耳。"自是命日侍左右。

（《元史·阿鲁浑萨理传》）

【注释】

①阿鲁浑萨理：元大臣，曾侍元世祖，有功。

【译文】

　　这时江南报告说宋朝的宗亲后裔要发动叛乱，世祖忽必烈下令派使者将宋室宗亲逮捕入京城。使者出发后，阿鲁浑萨理入宫进谏世祖说："报告消息的人一定在瞎说，不能派使者前去。"世祖说："你怎么知道呢？"阿鲁浑萨理回答说："如果真的反叛了，郡县为什么不知道。报告的人不经过郡县，而直接报告给朝廷，一定是他们的仇人。况且江南刚刚平定，老百姓还在怀疑，并未真心归附，如果仅凭着小民流言就逮捕宋室宗亲，恐怕人人自危，结果白白地中了密告者的奸计。"世祖醒悟，立刻召命使者返回，并械送密告者回原州郡审问，密告者立即伏罪，果然是由于向宋室后裔借钱，他们不给，于是诬陷他们。世祖说："不是你的谏言，恐怕就误了事，只是后悔用你太晚了呀。"于是世祖命令阿鲁浑萨理每天侍奉左右。

阿沙不花进谏

　　有近臣蹴踘于帝前，帝即命出钞十五万贯赐之。阿沙不花①顿首言曰："以蹴踘②而受上赏，则奇技淫巧之人日进，而贤者日退矣，将如国家何。臣死不敢奉诏。"乃止。帝又尝御五花殿，丞相塔思不花、三宝

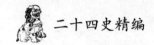

奴，中丞伯颜等侍。阿沙不花见帝容色日悴，乃进曰："八珍之味不知御，万金之身不知爱，此古人所戒也。陛下不思祖宗付托之重，天下仰望之切，而惟曲糵是沉，姬嫔是好，是犹两斧伐孤树，未有不颠仆者也。且陛下之天下，祖宗之天下也，陛下之位，祖宗之位也，陛下纵不自爱，如宗社何？"帝大悦曰："非卿孰为朕言。继自今毋爱于言，朕不忘也。"因命进酒。阿沙不花顿首谢曰："臣方欲陛下节饮而反劝之，是臣之言不信于陛下也，臣不敢奉诏。"左右皆贺帝得直臣。

（《元史·阿沙不花传》）

【注释】

①阿沙不花：人名，为元朝功臣。②蹴：通"鞠"，蹴鞠是我国古代的一种足球运动。

【译文】

有亲近侍臣在武宗海山前蹴鞠，武宗当即诏命拿出十五万贯钱钞赏赐他们。阿沙不花叩首说："因为蹴鞠就受到上等的赏赐，那么一些具有奇巧淫技的人就会日益得势，而贤德之人就会日渐消失，这样下去会把这个国家置于死地。我至死也不敢执行诏命。"武宗于是停止。武宗海山又曾经驾临五花殿，丞

相塔思不花、三宝奴，中丞伯颜等人侍奉在旁。阿沙不花看见武宗容颜日益憔悴，于是进言说："八珍的美味不知道克制，万金之身体不知道爱惜，这些都是古人戒除的。皇上不考虑祖宗托付的重大，天下人仰望的迫切，而只知沉溺于美酒，嗜好女色，这犹如两把斧头砍伐一颗孤树，没有不会被砍倒的。况且陛下的天下，是祖宗的天下，陛下的皇位，是祖宗的皇位，陛下纵使不自爱，然而怎么向宗庙社稷交待呢？"武宗大喜说："不是你谁会向我进言。往后你不要吝惜向我进言，我不会忘记呀。"于是命令进呈美酒。阿沙不花叩头拜谢说："我刚劝陛下节制饮酒，陛下反而却赐我美酒，这是我的话不被陛下相信接受呀，我不敢接受诏命。"左右的侍臣都祝贺皇帝得到了一位正直的忠臣。

顺帝即位

至顺元年四月辛丑，明宗①后八不沙被谗遇害，遂徙帝于高丽②，使居大青岛中，不与人接。阅一载，复诏天下，言明宗在朔漠之时，素谓非其己子，移于广西之静江。三年八月己酉，文宗崩，燕铁木儿③请文宗后立太子燕帖古思，后不从，而命立明宗次子懿璘只班，是为宁宗。十一月壬辰，宁宗崩，燕铁木儿复请立燕帖古思，文宗后曰："吾子尚幼，妥欢帖睦尔在广西，今年十三矣，且明宗之长子，礼当立之。"乃命中书右丞阔里吉思迎帝于静江。至良乡④，具卤薄以迓之。燕铁木儿既见帝，并马徐行，具陈迎立之意，帝幼且畏之，一无所答。于是燕铁木儿疑之。故帝至京，久不得立。适太史亦言帝不可立，立则天下乱，以故议未决。迁延者数月，国事皆决于燕铁木儿，奏文帝后而行之。俄而燕铁木儿死，后乃与大臣定议立帝，且曰："万岁之后，其传位于燕帖古思，若武宗、仁宗故事⑤。"诸王宗戚奉上玺绶劝进。

（《元史·顺帝本纪》）

【注释】

①明宗：指元明宗，公元1329年在位。②"遂徙帝"句：帝，指元顺帝妥欢帖睦尔。高丽，即今朝鲜。③燕铁木儿：元文宗时权臣，密谋毒死明宗，后惧怕事情败露，病死。④良乡：地名，在今北京房山县境内。⑤若武宗、仁宗故事：元武宗海山继承元成宗铁穆尔皇位，同时立他的兄弟元仁宗爱育黎拔力八达为皇太子，他死后将皇位传给元仁宗。

【译文】

至顺元年四月辛丑日，明宗的皇后八不沙遭到谗言陷害而

196

被杀，于是将元顺帝迁往高丽，让他独居大青岛，不同外人接触。一年之后，文宗皇帝又诏告天下，宣称明宗在北方边境时，总说顺帝不是自己的儿子，便又把顺帝迁往广西静江居住。三年八月己酉日，文宗驾崩，燕铁木儿请求文宗皇后立太子燕帖古思为新帝，皇后不允，而命明宗的二儿子懿璘只班为帝，这就是元宁宗。十一月壬辰日，宁宗去世，燕铁木儿再次请求立燕帖古思为帝，文宗皇后说："我的儿子还小，妥欢帖睦尔在广西，今年有十三岁了，而且他还是明宗的长子，按理应拥立他。"于是下令中书右丞阔里吉思到静江去迎接顺帝。到良乡时，具陈车驾迎接顺帝。燕铁木儿见到顺帝后，骑马和顺帝并排慢慢行走，并仔细陈述了迎立他为帝的意图，顺帝年纪幼小有点畏惧他，便一言不发。于是燕铁木儿就起疑。所以顺帝到京师后，很久都没有被拥立为帝。刚好太史也说不可以拥立顺帝，拥立他后天下就会大乱，由于这个原因商议很久都没结果。这样拖延了几个月，国事都由燕铁木儿裁决，启奏文宗皇后之后就施行。不久燕铁木儿死了，文宗皇后于是与众大臣商议决定拥立顺帝，并且说："顺帝死了后，他的皇位应该传给燕帖古思，就像武宗、仁宗他们那样。"诸王宗室、皇亲国戚都奉上玉玺和绶带，表示拥立顺帝为新皇帝。

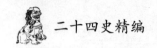

顺帝避兵北逃

丙寅①，帝御清宁殿，集三宫后妃、皇太子、皇太子妃，同议避兵北行。失列门及知枢密院②事黑厮、宦者赵伯颜不花等谏，以为不可行，不听。伯颜不花恸哭谏曰："天下者，世祖之天下，陛下当以死守，奈何弃之！臣等愿率军民及诸怯薛歹③出城拒战，愿陛下固守京城。"卒不听。至夜半，开建德门北奔。

（《元史·顺帝本纪》）

【注释】

①丙寅：指元顺帝妥欢帖睦尔二十八年（公元 1361 年）闰月丙寅日。②枢密院：掌管朝廷军事机要的机构。③怯薛歹：怯薛，轮流值宿守卫之意；此指元朝的禁卫军。怯薛的成员称为怯薛歹。

【译文】

元顺帝二十八年闰月丙寅日，元顺帝到清宁殿，召集三宫后妃、皇太子、皇太子妃，一齐商议避兵北行。失列门及枢密院长官黑厮，宦官赵伯颜不花等谏议，认为不能避兵北行，顺

帝不听。伯颜不花恸哭劝谏说:"天下,是世祖打出来的天下,陛下应当拼死力守,怎么能抛弃不管呢!我们愿率领军民及禁卫军出城迎战敌兵,希望陛下固守京城。"顺帝始终不听。半夜时分,打开建德门向北逃走。

海山即位

十一年①春,闻成宗崩,三月,自按台山至于和林②。诸王勋戚毕会,皆曰今阿难答、明里铁木儿等荧惑中宫,潜有异议;诸王也只里昔尝与叛王通,今亦预谋。即辞服伏诛,乃因阇辞劝进。帝③谢曰:"吾母、吾弟在大都④,俟宗亲毕会,议之。"先是,成宗违豫日久,政出中宫,命仁宗与皇太后出居怀州⑤。至是,仁宗闻讣,以二月辛亥与太后俱至京师。安西王阿难答与诸王明里铁木儿已于正月庚午先至。左丞相阿忽台,平章八都马辛,前中书平章伯颜,中政院⑥使怯烈、道兴等潜谋推成宗皇后伯要真氏称制,阿难答辅之。仁宗以右丞相哈剌哈孙之谋言于太后曰:"太祖、世祖创业艰难,今大行晏驾,德寿已薨,诸王皆疏属,而怀宁王在朔方,此辈潜有异图,变在朝夕,俟怀宁王至,恐乱生不测,不若先事而发。"遂定计,诛阿忽台、怯烈

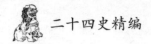

等，而遣使迎帝。……甲申，皇帝即位于上都⑦，受诸王文武百官朝于大安阁，大赦天下。

（《元史·武宗本纪》）

【注释】

　　①十一年：指元成宗铁穆尔大德十一年，即公元1297年。②"自按台山"句：按台山，即今阿尔泰山。和林，蒙古国都城，在今蒙古共和国后杭爱省厄尔得尼召北。③帝：指元武宗海山。④大都：即今北京。⑤怀州：地名，即今河南沁阳。⑥中政院：元朝官署，掌管皇后宫中财赋及其他事务。⑦上都：元朝夏都，在今内蒙古自治区正蓝旗东20公里闪电河北岸。

【译文】

　　元成宗十一年春，元武宗海山听到元成宗去世的消息，三月，他从按台山到了和林。诸王和宗亲聚会，都认为现在阿难答、明里铁木儿等蛊惑皇后，有不轨的意图；诸王也只里昔曾经与叛王相通，现在也参与了这个阴谋。诸王也只里昔承认阴谋后被杀掉，大家因此全力劝海山进发大都。海山辞谢说："我的母亲、兄弟都在大都，等宗王亲戚都来了，再谈这件事。"起先，元成宗铁穆尔身体一直有病，政令大多出自中宫皇后那里，她命令元仁宗爱育黎拔力八达和皇太后离开大都居住于怀州。元仁宗听到了讣闻，在二月辛亥日同皇太后一齐到达京师大都。安西王阿难答与诸王明里铁木儿已于正月庚午日先行抵达京师。左丞相阿忽台，平章政事八都马辛，前中书平章政事伯颜，中政院使怯烈，道兴等阴谋推举成宗皇后伯要真氏登基，阿难答辅佐她。元仁宗将右丞相哈剌哈孙的计谋告诉皇太后说："太祖、世祖创业很艰难，现在成宗已经死去，他的威德也不再存在，诸王同中央的关系都很松散，而怀宁王海山远在北方，现在京师的这些人阴谋有不轨的行为，变乱在很短的时间内都会发生，等怀宁王赶到的时候，恐怕已经发生不测，不如及早动手。"于是定下计谋，先诛杀阿忽台、怯烈等人，然后派遣使者前去恭迎武宗海山。……甲申日，海山即皇帝位于上都，在大安阁接受诸王及文武百官的朝贺，大赦天下。

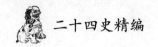

御　人

李冶论士

　　世祖在潜邸，闻其贤，遣使召之，且曰："素闻仁卿①学优才胆，潜德不耀，久欲一见，其勿他辞。"既至，问河南居官者孰贤，对曰："险夷一节，惟完颜仲德。"又问完颜合答及蒲瓦何如②，对曰："二人将略短少，任之不疑，此金所以亡也。"又问魏征、曹彬何如，对曰："征忠言谠论，知无不言，以唐诤臣观之，征为第一。彬伐江南，未尝妄杀一人，儗之方叔、召虎可也。汉之韩、彭、卫、霍，在所不论。"又问今之臣有如魏征者乎，对曰："今以侧媚成风，欲求魏征之贤，实难其人。"又问今之人材贤否，对曰："天下未尝乏材，求则得之，舍则失之，理势然耳。今儒生有如魏璠、王鹗、李献卿、兰光庭、赵复、郝经、王博文辈，皆有用之材，又皆贤王所尝聘问者，举而用之，何

所不可，但恐用之不尽耳。然四海之广，岂止此数马哉。王诚能旁求于外，将见集于明廷矣。"

（《元史·李冶传》）

【注释】

①仁卿：指李冶，字云卿，元朝真定乐城人，为金进士，后归元朝，为世祖时大臣。②"又问完颜合答"句：完颜合答，金人，名瞻，字景山，少长兵间，习弓马，为良将，兵败被杀。蒲瓦，人名。

【译文】

元世祖忽必烈在王府官邸的时候，听说李冶贤能，便派使者前去召见他，并说："常听说你学识优异，才略过人，且深藏美德从不显耀，很早就想相见。"李冶到后，世祖忽必烈便问他在黄河以南为官的人中谁有贤德，李冶回答说："具备无论困难还是顺利都保持镇定态度这种节操的，只有完颜仲德。"世祖又询问完颜合答及蒲瓦两人的品行如何，李冶回答说："他们两人缺少带兵的谋略，而金国却毫无思虑对他们加以任用，这就是金国所以灭亡的原因。"世祖再问魏征、曹彬两人如何，李冶回答说："魏征忠贞，敢于直言进谏，知无不言，唐朝敢于直谏的大臣，魏征应排在第一位。曹彬征伐江南，不曾乱杀过一人，可以与方叔、召虎相比了。至于汉朝的韩信、彭越、卫青、霍去病，那就更不用谈了。"世祖又问现在的大臣中是否有像魏征那样的贤德之人，李冶回答说："现在的人形成了谄媚讨好的风气，想要得到像魏征那样的贤材，实在是难找到这样的人。"世祖又问现在的人才是否贤能，李冶回答说："国家不曾缺少过有才能的人，只要征求就会得到人才，不征求就会失去人才，规律的趋势就是这样呀。现在像魏盉、王鹗、李献卿、兰光庭、赵复、郝经、王博文这样一些儒生，都是有用的人才，这些人又都是贤明的大王所曾聘请访问过的，选拔运用他们，有什么不可以的，只恐怕不能完全任用他们罢。然而天下广大，难道只有这几匹千里马吗。大王只要能在天下广招贤材，那么天下的贤材就一定会得到啊。"

赵良弼单身赴日

舟至金津岛[①]，其国人望见使舟，欲举刀来攻，良弼[②]舍舟登岸喻旨。金津守延入板屋，以兵环之，灭烛大噪，良弼凝然自若。天明，其国太宰府官，陈兵四山，问使者来状。良弼数其不恭罪，仍喻以礼意。太宰官愧服，求国书。良弼曰："必见汝国王，始授之。"越数日，复来求书，且曰："我国自太宰府以东，上古使臣，未有至者，今大朝遣使至此，而不以国书见授，何以示信！"良弼曰："隋文帝遣裴清来，王郊迎成礼，唐太宗、高宗时，遣使皆得见王，王何独不见大朝使臣乎？"复索书不已，诘难往复数四，以至兵胁良弼。良弼终不与，但颇录本示之。后之声言，大将军以兵十万来求书。良弼曰："不见汝国王，宁持我首去，书不可得也。"日本知不可屈，遣使介十二人入觐，仍遣人送良弼至对马岛③。

（《元史·赵良弼传》）

【注释】

①金津岛：地名，在今日本境内。②良弼：即赵良弼，字辅之，女直人，本姓术要甲，音讹为赵，故改赵姓，元世祖时曾出使日本。③对马岛：地名。

【译文】

船到金津岛后，日本国人远远望见使者的大船，举起武器兵刃就准备前来进攻，赵良弼下船登岸后告诉他们来意。金津岛守臣将他们引入板屋，然后派兵包围他们，熄灭蜡烛后士兵大声喧哗，赵良弼神情安静，镇定自若。第二天天亮，日本国太宰府长官，在四面山上布满士兵，然后询问赵良弼来意。赵良弼先历数其不恭敬的罪状，然后还告诉他们自己出使的来意。太宰官表示愧服，要求他出示国书。赵良弼说："我一定要面见你们国王后，才能交出国书。"几天后，太宰官又来要求出示国书，并说："我们国家自从太宰府掌权以来，上古大国的使臣，从来没有出使过我们国家，现在大国派使臣到这里来出使，却不拿出国书来，怎么能让人相信呢！"赵良弼说："隋文帝派裴清前来出使，你们国王亲自到城郊以礼相迎，唐太宗、唐高宗之时，所派遣的使者都能见到国王，你们国王为什么独不接见我们大元朝的使臣呢？"太宰官还是不停地索要国书，并且反反复复先后4次诘难赵良弼，以至于最后用武力威胁他。赵良弼还是不给他，只是大略地抄录了副本给他看。太宰官后来又声称说，他们的大将军统领了10万士兵前来索要国书。赵良弼说："没有见到你们国王，宁可你们将我的头拿走，也不会让你们得到国书。"日本国知道不能使赵良弼屈服，只好派12名使者前往拜见大元朝皇帝，并依旧派人护送赵良弼返回到对马岛。

铁木真嫁妹

孛秃，亦乞列思氏，善骑射。太祖[①]尝潜遣术儿彻丹出使，至也儿古纳河[②]。孛秃知其为帝所遣，值日暮，因留止宿，杀羊以享之。术儿彻丹马疲乏，复假以良马，及还，孛秃待之有加。术儿彻丹具以白帝，帝大喜，许妻以皇妹帖木伦。孛秃宗族乃遣也不坚歹等诣太祖，因致言曰："臣闻威德所加，若云开见日，春风解冻，喜不自胜。"帝问："孛秃挚畜几何?"也不坚歹对曰："有马三十匹，请以马之半为聘礼。"帝怒曰："婚姻而论财，殆若商贾矣。昔人有言，同心实难，朕方欲取天下，汝亦乞列思之民，从孛秃效忠于我可也，何以财为!"竟以皇妹妻之。

（《元史·孛秃传》）

【注释】

①太祖：即元太祖成吉思汗（公元 1162—1227 年）。②也儿古纳河：河名，在今俄罗斯境内。

【译文】

孛秃，是亦乞烈思氏人，善长骑马射箭。太祖曾暗中派术儿彻丹出使，到也儿古纳河边。孛秃知道他是太祖成吉思汗派遣出来的，当时正好天刚黑，于是孛秃就留术儿彻丹住宿，并杀羊来款待他。术儿彻丹的马匹困乏，孛秃又把好马借给他，等到返回时，孛秃待他更热情。术儿彻丹把这些事仔细地讲给太祖听了，太祖大喜，决定把自己的妹妹帖木伦嫁给孛秃作妻子。孛秃宗族的人派也不坚歹等人去见太祖，他们向太祖表达谢意说："我们听说大汗威望德行施予的地方，就像云开见日、春风解冻，我们感到喜不自胜。"太祖问道："孛秃牧养繁殖了多少牲口？"也不坚歹回答说："孛秃有 30 匹马，他请求拿出一半的马匹作聘礼。"太祖大怒说："谈婚姻而论及钱财，就好像商人谈买卖一样。以往的人曾经说过，同心同德实在困难，我现在想要夺取天下，你是亦乞列思的族人，跟随孛秃效忠于我就可以了，何必谈论钱财呢！"于是把妹妹嫁给孛秃作妻子。

顺帝轻废高丽王

帝以谗废高丽王伯颜帖木儿，立塔思帖木儿为王。国人上书言旧王不当废，新王不当立之故。初，皇后奇氏①宗族在高丽，恃宠骄横，伯颜帖木儿屡戒饬不悛，高丽王遂尽杀奇氏族。皇后谓太子曰："尔年已长，何不为我报仇。"时高丽王昆弟有留京师者，乃议立塔思帖木儿为王，而以奇族子三宝奴为元子，以将作同知②崔帖木儿为丞相，以兵万人送之国，至鸭绿江，为高丽兵所败，仅余十七骑还京师。

（《元史·顺帝本纪》）

【注释】

①奇氏：元顺帝第二皇后，名完者忽都。②将作同知：官职名称。

【译文】

元顺帝听信谗言废掉高丽王伯颜帖木儿，立塔思帖木儿为高丽王。国中有人上书阐明不该废旧王，而立新王的理由。起初，皇后奇氏的宗族在高丽国，凭借着皇后的得宠而骄横不可一世。伯颜帖木儿多次劝诫他们，他们都不知悔改，高丽王于是将奇氏宗族全部杀掉了。皇后对太子说："你已经长大了，怎么不为我报仇呢！"当时高丽王有弟弟留在京师，他上书建议立塔思帖木儿为高丽王，以奇族人的儿子三宝奴为嗣子，委任将作同知崔帖木儿为丞相，并派一万多军队护送他们到高丽国，抵达鸭绿江边时，被高丽兵打得大败，仅仅只剩下 17 人返回京师。

德辉论兴亡

岁丁未，世祖①在潜邸，召见，问曰："孔子殁已久，今其性安在？"对曰："圣人与天地终始，无往不在。殿下能行圣人之道，性即在是矣。"又问："或云，辽以释废，金以儒亡，有诸？"对曰："辽事臣未周知，金季乃所亲睹，宰执中虽用一二儒臣，余皆武弁世爵，及论军国大事，又不使预闻，大抵以儒进者三十之一，国之存亡，自有任其责者，儒何咎焉！"世祖然之。因问德辉曰："祖宗法度具在，而未尽设施者甚多，将如之何？"德辉指银槃，喻曰："创业之主，如制此器，精选白金良匠，规而成之，畀付后人，传之无穷。当求谨厚者司掌，乃永为宝用。否则不惟缺坏，亦恐有窃而去之者矣。"世祖良久曰："此正吾心所不忘也。"……又问："农家作劳，何衣食之不赡？"德辉对曰："农桑，天下之本，衣食之所从出者也。男耕女织，终岁勤苦，择其精者输之官，余粗恶者将以仰事俯育。而亲民之吏复横敛以尽之，则民鲜有不冻馁者矣。"

（《元史·张德辉传》）

【注释】

①世祖：指忽必烈。

【译文】

丁未年，世祖忽必烈在亲王府召见张德辉，问道："孔子

死去已久，现在他学说的生命力在哪里？"张德辉回答说："圣人与天地同始同终，无处不在。殿下只要能实行圣人的思想主张，那么就得了圣人思想的生命。"世祖又问："有人说，辽国是由于崇佛而亡国，金国是由于运用儒术而亡国，有这种事吗？"张德辉回答说："辽国的事情我不太清楚，金国的没落却是我亲眼所见，执掌权力的官员中曾运用了一、两个儒臣，但其余的都是武官和承袭世爵的权贵，及至商议军国大事，又不让他们参与了解，朝中官员大抵以儒术进仕的 30 人中才有一个，国家的废亡，自然有人应承担起这个责任，但儒生又有什么错误呢！"世祖认为他说得很对。于是又问张德辉："祖宗的旧制法规都已存在，然而尚未完全制定完善的法规也很多，我该怎么办？"张德辉指着银盘，打比喻说："创业的君王，好像制作这件银器，先要精心挑选白银和好的工匠，规划好样式后再作成，托付给后代，永远流传没有穷尽。应当寻找谨慎温厚的人来掌管，才可以永远使用。否则不仅会缺损毁坏，而且恐怕还会有盗贼偷走它呀。"世祖想了很久才说："这正是我心里念念不忘的事情呀。"……世祖又问："农夫耕作劳苦，为什么衣食还是不充足呀？"张德辉回答说："农桑是天下的根本，穿衣吃饭都要靠它。男人耕种，女人织布，终年辛勤劳苦，挑选上好的产品上交给官府，剩下粗劣的就用来养活一家老小。然而官吏却横征暴敛，将百姓抢掠一空，那么老百姓又怎能富足呢。"

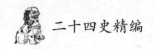

法　制

吕思诚谈钞法

　　吏部尚书契哲笃、左司都事武祺等，建言更钞法，以楮币一贯文省权铜钱一千文为母，铜钱为子，命廷臣集议。思诚①曰："中统、至元自有母子②，上料为母，下料为子，譬之蒙古人以汉人子为后，皆人类也，尚终为汉人之子，岂有故纸为父而立铜为子者乎？"一座咸笑。思诚又曰："钱钞用法，见为一致，以虚换实也。分历代钱、至正钱、中统钞、至元钞、交钞分为五项，虑下民知之，藏其实而弃其虚，恐不利于国家也。"契哲笃曰："至元钞多伪，故更之尔。"思诚曰："至元钞非伪，人为伪尔。交钞若出，亦为伪者矣。且至元钞，犹故戚也，家之童奴且识之；交钞，犹新戚也，虽不敢不亲，人未识也，其伪反滋多尔。况祖宗之成宪，其可轻改哉。"契哲笃曰："祖宗法弊，亦可改矣。"思诚

曰："汝辈更法，又欲上诬世皇③，是汝与世皇争高下也。且自世皇以来，诸帝皆谥曰孝，改其成宪，可谓孝乎？"契哲笃曰："钱钞兼行何如？"思诚曰："钱钞兼行，轻重不伦，何者为母，何者为子，汝不通古今，道听而涂说，何足行哉。"契哲笃忿曰："我等策既不可行，公有何策？"思诚曰："我有三字策曰：行不得！行不得！"

（《元史·吕思诚传》）

【注释】

①思诚：即吕思诚，字仲实，元朝平定州人，先世为金进士，由金入元，中泰定元年进士，为官正直。②"中统"句：中统，元世祖年号，公元 1260—1264 年。至元，世祖年号，公元 1264—1295 年。③世皇：即元世祖忽必烈。

【译文】

吏部尚书契哲笃、左司都事武祺等，建议改革钱钞的法令，以一贯文省的纸币折合一千文铜钱作为母钞，铜钱作为子钞，皇帝下诏命令朝中大臣集体讨论这个建议。吕思诚说："中统、至元年间本来有母钞和子钞，质料上等的是母钞，质料次等的是子钞，如同比蒙古人将汉人的儿子作为后代，都是人的同类，但最后还是成了汉人的儿子，怎么会有旧纸是父亲而立铜钱为儿子的呢？"在座的人都笑起来。吕思诚又说："铜钱纸钞的使用法则，作用是一样的，都是以虚换实罢了。现在历代的铜钱、至正铜钱、中统钞、至元钞、交钞共有五类，只是担心老百姓知道这一点，收藏实物而抛开虚假无用的纸钞，恐怕将对国家大为不利。"契哲笃说："至元钞有很多是假的，所以要更换它。"吕思诚说："至元钞不是假的，只是有人造假罢了。如果交钞发行使用，人们也会伪造他。况且至元钞好比是老亲戚，家中的小孩奴仆都能识别；交钞，好象是新结的亲戚，虽然不敢不亲近，但是人们还并没有都认识它，那么伪造的反而更多了。何况祖宗的成规，怎么可以轻易更改呢。"契哲笃说："祖宗的旧法已经不适用，也可以改革了。"吕思诚说："你们这些人更改法令，想变乱世祖的规定，这是你们同世祖争夺高下之位呀。况且自从世祖皇帝以来，诸位皇帝都被谥号为孝，更改他的成规，能够说是孝吗？"契哲笃说："铜钱纸钞一齐发行使用怎么样？"吕思诚说："铜钱纸钞一起使用，谁重要谁次要分不清楚谁为母钞，谁为子钞，也不明白，你不精通古今钱钞，道听途说提出的建议，怎么值得施行呢。"契哲笃气愤地说："我们的策略既然不能施行，那么你有什么计策呢？"吕思诚说："我有三字策略，那就是：不可行、不可行！"

张雄飞廉洁守法

雄飞①刚直廉慎，始终不易其节。尝坐省中，诏趣召之，见于便殿，谓雄飞曰："若卿，可谓真廉者矣。闻卿贫甚，今特赐卿银二千五百两、钞二千五百贯。"雄飞拜谢，将出，又诏加赐金五十两及金酒器。雄飞受赐，封识藏于家。后阿合马②之党以雄飞罢政，诣省乞追夺赐物，裕宗③在东宫闻之，命参政温迪罕谕丞相安童曰："上所以赐张雄飞者，旌其廉也，汝岂不知耶？毋为小人所诈。"塔即古阿散④请检核前省钱谷，复用阿合马之党，竟矫诏追夺之。塔即古阿散等俄以罪诛，帝虑校核失当，命近臣伯颜阅之。中书左丞耶律老哥劝雄飞诣伯颜自辩，雄飞曰："上以老臣廉，故赐臣，然臣未尝敢轻用，而封识以俟者，政虞今日耳，又可自辩乎？"

（《元史·张雄飞传》）

【注释】

①雄飞：即张雄飞，字鹏举，元朝琅琊临沂人，由金入元，为元官员。②阿合马：元初期大臣，回回人，专权横暴，贪赃

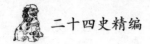

不法，后被诛杀。③裕宗：即元世祖忽必烈太子真金。④塔即古阿散：世祖时大臣。

【译文】

张雄飞为官正直廉洁，节操始终不改。有一次在中书省处理公务时，世祖派使者前去诏见他，并在偏殿中接见他，世祖告诉张雄飞说："只有你，真正可以称得上廉洁呀。我听说你非常清贫，现在特别赏赐给你白银2500两，钱钞2500贯。"张雄飞跪拜谢恩，将要退出时，世祖又诏命加赐黄金50两及金质酒器。张雄飞接受赏赐后，全部存封作好标记后密藏在家中。后来阿合马的同党由于张雄飞被罢职，就到中书省请求收缴追回原来所赏赐的物品，裕宗真金听说后，命令参知政事温迪罕诏令丞相安童说："皇上原先赏赐张雄飞，是为了表彰他的廉洁呀，难道你不知道吗？不要被小人所欺骗。"塔即古阿散奏请检查核实前中书省官员的财政情况，再次起用阿合马的同党，他们最后竟假传诏书追缴收回赏赐的财物。塔即古阿散等不久因罪被诛杀，世祖考虑到清查核实可能不当，下令近臣伯颜复查。中书省左丞相耶律老哥劝张雄飞到伯颜那里为自己辩辞，张雄飞说："皇上由于老臣廉洁，所以赏赐我，然而我却未曾敢轻易动用赏赐的财物，而封存后作好标记以等待不测，预料到要发生今天的变故，又有什么可以为自己辩护的呢！"

伯颜平宋遭构陷

伯颜①之取宋而还也，诏百官郊迎以劳之，平章阿合马②，先百官半舍道谒，伯颜解所服玉钩绦遗之，且曰："宋宝玉固多，吾实无所取，勿以此为薄也。"阿合马谓其轻己，思中伤之，乃诬以平宋时，取其玉桃盏，帝命按之，无验，遂释之，复其任。阿合马既死，有献此盏者，帝愕然曰："几陷我忠良！"别吉里迷失③尝④诬伯颜以死罪，未几，以它罪诛，敕伯颜临视，伯颜与之酒，怆然不顾而返。世祖问其故，对曰："彼自有罪，以臣临之，人将不知天诛之公也。"

(《元史·伯颜传》)

【注释】

①伯颜：元朝著名军事家、政治家，元世祖忽必烈时，带兵灭亡南宋，生于公元1236年，死于公元1295年。②阿合马：元朝初期大臣，回回人，出生于中亚费纳喀忒，专权横暴，后被杀，生年不详，卒于公元1282年。③别吉里迷失：人名，元世祖忽必列时大臣。④尝：曾经。

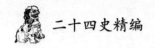

【译文】

伯颜攻取宋朝后班师回朝，世祖诏令百官到城郊迎接他们，以示慰劳。平章阿合马，先于百官在半路上迎侯伯颜，伯颜解下他身上所穿的玉钩条送给阿合马，并说："宋朝的宝玉虽然多，我实在是没有拿，希望不要认为这件礼物太薄了。"阿合马觉得伯颜轻视自己，就想中伤他，因此诬陷他平宋的时候，私自拿了玉桃盏，世祖下令追查，没有证据，因此释放了他，并且还恢复了他的官职。阿合马死后，有人进献玉桃盏，世祖惊愕地说："差一点诬陷了我的忠臣！"别吉里迷失曾经诬陷伯颜想致他死罪，不久，别氏由于其它罪行将被诛杀，世祖敕令伯颜前去监斩，伯颜递给他酒，痛苦得没有回头地离开了。世祖询问他缘故，伯颜回答说："他本来有罪，让我前去监斩，别人就不会认为这是上天诛杀他的公正行为呀。"

王荣伤人起风波

纯只海，散术台氏。弱冠宿卫太祖①帐下，从征西域诸国有功。己亥，同僚王荣②潜畜异志，欲杀纯只海，伏甲絷之，断其两足跟，以帛缄纯只海口，置佛祠中。纯只海妻喜礼伯伦闻之，率其众攻荣家夺出之。纯

只海裹疮从二子驰旁郡，请兵讨荣，杀之。朝廷遣使以荣妻孥③赀产赐纯只海家，且尽驱怀④民万余口郭外，将戮之。纯只海力争曰："为恶者止荣一人耳，其民何罪。若果尽诛，徒守空城何为。苟朝廷罪使者以不杀，吾请以身当之。"使者还奏，帝是其言，民赖不死。纯只海给荣妻孥券，放为民，遂⑤以其宅为官廨，秋毫无所取。郡人德之。

（《元史·纯只海传》）

【注释】

①太祖：即元太祖成吉思汗（公元1162—1227年）。②王荣：元太祖时曾任怀州官员。③孥（nú）：同"奴"。④怀：地名，在今河南沁阳境内。⑤遂：于是。

【译文】

是散术台氏人纯只海。15岁时在太祖帐下任值班警卫，跟随太祖征讨西域各国立下了功劳。己亥日，同僚王荣暗中怀有不轨的企图，想要杀掉纯只海，便埋下伏兵抓住了他，并砍断了他的两个脚后跟，用布帛塞住了纯只海的口，然后把他放在佛祠中。纯只海的妻子喜礼伯伦知道这个消息后，率领部队攻打王荣家，夺出了丈夫。纯只海裹着伤口随着两个儿子急驰至

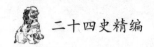

旁郡，请求救兵征讨王荣，并诛杀了他。朝廷派使者将王荣的妻子、家奴以及财产统统赏赐给纯只海家，并驱赶一万多名怀州百姓到城外，打算将他们全部杀死。纯只海极力劝止说："犯下罪恶的仅仅只是王荣一人罢了，那么怀州百姓又有什么罪呢。倘若全部杀死了，只防守一座空城又有什么用呢？如果朝廷怪罪使者没有诛杀民夫，那么我请求由本人承担罪责。"使者回奏皇帝，皇帝答应了他的要求，百姓因此免于一死。纯只海交给王荣的妻子充官为奴的凭据，释放她为百姓。于是又把王荣的府宅作为官署，秋毫无犯，郡中的百姓都觉得他有品德。

三宝奴骗财受控告

武昌妇人刘氏，诣御史台诉三宝奴①夺其所进亡宋玉玺一、金椅一、夜明珠二。奉旨，令尚书省及御史中丞冀德方，也可札鲁忽赤②别铁木儿，中政使③撷只等杂问。刘氏称故翟万户妻，三宝奴谪武昌时，与刘往来，及三宝奴贵，刘托以追逃婢来京师，谒三宝奴于其家，不答，入其西廊，见榻上有逃婢所窃宝鞍及其手缝锦帕，以问，三宝奴又不答。忿恨而出，即求书状人乔瑜为状，乃因尹荣往见察院吏李节，入诉于台。狱成，

以刘氏为妄。有旨，斩乔瑜，笞李节，杖刘氏及尹荣，归之原籍。

（《元史·武宗本纪》）

【注释】

①三宝奴：元武宗时官员。②也可札鲁忽赤：札鲁忽赤，汉译"断事官"；也可札鲁忽赤，即"大断事官"，先是总揽各种政务，入元以后，变成了司法长官。③中政使：中政院长官，掌管皇后宫中财赋及其它事务。

【译文】

武昌的妇人刘氏，到御史台状告三宝奴夺走她打算进献的亡宋的一方玉玺、一把金椅、两颗夜明珠。朝廷下旨，命尚书省臣及御史中丞冀德方，也可札鲁忽赤别铁木儿，中政使搠只等一齐审理这件讼案。刘氏自称她是已亡故翟万户的妻子，三宝奴被贬职武昌时，与刘氏有来往，三宝奴显贵了后，刘氏因要委托他追拿逃走的奴婢来到京师，到三宝奴家拜访他，三宝奴不肯帮忙。刘氏进入他家的西廊，看见屋中床榻上有逃走奴婢所盗走的宝鞍以及手缝的锦帕，刘氏拿着这些东西质问三宝奴，他又不回答。刘氏忿恨地离开了三宝奴家，立即请求写状纸的乔瑜写了状纸，又凭着尹荣的关系，前去见按察院的小吏

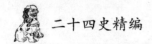

李节，最后到御史台状告三宝奴。讼案审判的结果，觉得刘氏是瞎说。因此传下圣旨，将乔瑜斩首，鞭打李节，杖责刘氏和尹荣，并把他们遣送回原籍。

虞槃英明除邪巫

有巫至其州，称神降，告其人曰："某方火。"即火。又曰："明日某方火。"民以火告者，槃①皆赴救，告者数十，寝食尽废，县长吏以下皆迎巫至家，厚礼之。又曰："将有大水，且兵至。"州大家皆尽室逃，槃得劫火卒一人，讯之，尽得巫党所为，坐捕盗司，召巫至，鞫之，无敢施鞭棰者，槃谓卒曰："此将为大乱，安有神乎！"急治之，尽得党与数十人，罗络内外，果将为变者，同僚皆不敢出视，曰："君自为之。"槃乃断巫并其党如法，一时吏民始服儒者为政若此。

（《元史·虞集传》）

【注释】

①槃：即虞槃，字仲常，延祐五年进士。虞集之弟，为元朝良吏。

222

【译文】

有一位巫师到虞槃管理的州郡，谎称神灵降世，他告诉当地的老百姓说："某个地方将会发生火灾。"那个地方果然发生火灾。他又预言说："明天某地将会发生火灾。"凡是百姓报告有火灾发生的，虞槃都赶往救火，报告火灾的人有几十名，弄得大家都无法吃饭睡觉，县里的长吏及下属的官吏都将巫师接到家中，用隆重的礼节招待他。巫师又预言说："这里将会有大水灾发生，而且还会有兵匪到来。"州郡中的富户人家统统携带家产逃走了，虞槃抓到了一名趁火打劫的人，审问他，终于得知以前的事都是巫师的同党所干，虞槃因此亲自前往捕盗司，召令巫师前来，审讯他，可没有人敢鞭打他，虞槃对士卒们说："像这样会构成大乱，哪里有什么神灵呢！"因此加紧审讯他，终于得知他的几十名同党，遍布州郡内外，果然将要发动变乱，虞槃的同僚们都不敢出外巡视，都请求他说："你亲自处理这件事情吧。"虞槃因此依法判处巫师和他同党的罪行，一时之间官吏百姓们都开始佩服儒士们处理政事确实英明果断。

胡长孺断案有方

民荷溺器粪田，偶触军卒衣，卒抶伤民，且碎器而去，竟不知主名。民来诉，长孺①阳怒其诬，械于市，俾左右潜侦之，向挟者过焉，戟手称快，执诣所隶，杖而偿其器。群妪聚浮屠庵，诵佛书为禳祈，一妪失其衣，适长孺出乡，妪讼之。长孺以牟麦置群妪合掌中，命绕佛诵书如初，长孺闭目叩齿，作集神状，且曰："吾使神监之矣，盗衣者行数周，麦当芽。"一妪屡开掌视，长孺指缚之，还所窃衣。长孺白事帅府归，吏言有奸事屡问弗伏者，长孺曰："此易尔。"夜伏吏案下，黎明，出奸者讯之，辞愈坚，长孺佯谓令长曰："颇闻国家有诏，盍迎之。"叱隶卒缚奸者东西楹，空县而出，庭无一人。奸者相谓曰："事至此，死亦无行将自解矣。"语毕，案下史进而出，奸者惊，咸叩头服罪。永嘉②民有弟质珠步摇于兄者，赎焉，兄妻爱之，绐以亡于盗，屡讼不获直，往告长孺，长孺曰："尔非吾民也。"叱之去。未几，治盗，长孺嗾盗诬兄受步摇为赃，逮兄赴官，力辨数弗置，长孺曰："尔家信有是，何谓诬耶！"兄仓皇曰："有固有之，乃弟所质者。"趣持至验之，呼其弟示曰："得非尔家物乎？"弟曰："然③"。遂归焉。

（《元史·儒学·胡长孺传》）

【注释】

①长孺：即胡长孺，字汲仲，元婺州永康人，为元朝儒士，为官清正仁厚。②永嘉：县名，在今浙江温州境内。③然：是的。

【译文】

一位农夫挑着粪桶去田里施肥，在路上失措碰到了一位军士的衣服，军士用鞭子打伤了农夫，并敲碎了他的粪桶，然后扬长而去，农夫最后竟然还不清楚军士的名字。农夫前来控告军士，胡长孺假装发怒说农夫诬告，把农夫绑在集市上，让手下人暗中侦察，先前那个打伤农夫的军士经过集市，拍手称快，捕快们便将这个人抓到县衙，胡长孺命令杖责他并让他赔偿民夫的器物。一群老妇人在浮图庵聚会，诵念佛经作祈祷，一名老妇人丢失了衣服，刚好胡长孺下乡查案。老妇便向他申诉这件事情。胡长孺便将同样多的麦子放在这些老妇人合起来的手掌中，然后让她们像开始一样围着佛像边转边念经，胡长孺闭着眼睛叩紧牙齿，作出聚精会神的样子，并说："我让神灵来监视你们，偷衣服的人绕行几周后，手中的麦子就会发芽。"一名老妇人几次打开手掌偷看，胡长孺指出并让人绑住她，她便归还了所偷的衣服。胡长孺从帅府奏事返回来，县吏报告说有一件私通的案子，多次审问罪犯都不招供，胡长孺说："这件案子极容易处理。"当夜他让一名官吏躲在大堂的案桌之下，第二天黎明，提出通奸者审问，他们的言辞更加坚决，胡长孺假装对长吏说："似乎听说朝廷下达诏令，怎么不前去迎接呢。"因此命令差役将通奸的犯人绑在东西两根柱子上，然后全体差吏都出去迎接诏令，整个县堂都空了，庭院中也没有一个人。通奸者相互商量说："事情到这种地步，死也没有对证了，我们自然也会被释放了。"话刚说完，案桌下的县吏大声呼叫着冲了出来，通奸者大惊，只有都叩头认罪了。永嘉县有一户人家，兄弟将一件步摇首饰抵押给了哥哥，想赎取回来，哥哥的妻子十分喜爱这件首饰，就欺骗弟弟说首饰被强盗偷走了，弟弟屡次申诉都没有公正的结果，因此到胡长孺那里去控告，胡长孺说："你不是我们县的百姓。"叱责他离去。不久，审判一批强盗，胡长孺唆使强盗诬陷永嘉县民家兄长接受了他的一件赃物，即那件步摇首饰，因此拘捕兄长前往县衙，兄长极力辩白，胡长孺几次不予理睬，最后胡长孺说："你家确实有件步摇首饰，怎么说是诬陷呢！"兄长惊惶失措地回答说："确实有件步摇首饰，不过却是我兄弟抵押的。"胡长孺便让他回家取来验证，并传呼他的弟弟询问说："这是你家的首饰吗？"兄弟回答说："是的。"因此便将首饰归还给了兄弟。

干文传巧断疑案

其在乌程①，有富民张甲之妻王，无子，张纳一妾于外，生子，未晬，王诱妾以儿来，寻逐妾，杀儿焚之。文传②闻而发其事，得死儿余骨，王厚贿妾之父母，买邻家儿为妾所生，儿初不死。文传令妾抱儿乳之，儿啼不就乳，妾之父母吐实，乃呼邻妇至，儿见之，跃入其怀，乳之即饮，王遂伏辜。丹徒县③民有二弟共杀其姊者，狱久不决，浙西廉访司俾文传鞫之，既得其情，其母乞贷二子命，为终养计，文传谓二人所承有轻重，以首从论，则为首者当死，司官从之。

（《元史·干文传传》）

【注释】

①乌程：县名，在今浙江吴兴县境内。②文传：即干文传，字寿道，元朝平江人，为官诚直，不事浮躁。③丹徒县：县名，在今江苏丹徒县境内。

【译文】

干文传在乌程之时，富民张甲的妻子王氏，没有生子，张甲在外面娶了一位小妾，并生了一个儿子，还没有满一周岁，王氏诱骗小妾带着儿子来到家中，不久就赶走了小妾，杀死小儿并焚毁其尸骨。干文传知道后就追查这件事情，找到了被烧死孩子剩下的骨头。王氏用极多钱重重地贿赂了小妾的父母亲，并收买邻居家的小孩，假称是小妾所生，证明这个孩子并没有死。干文传命令小妾抱着小孩吃乳，小孩啼哭着不肯吃。小妾的父母才吐露实情，因此传呼邻居家妇人前来。小孩看到她，马上跳进她的怀中，给他哺乳，他立即就吃，王氏于是伏罪。丹徒县有两位兄弟一起谋杀了他们的姐姐，这件案子很长时间没有判决，浙西廉访使让干文传来审问这件案子。查清案情后，他们的母亲乞求放过她两个儿子的性命。考虑到要有人为老太太养老送终，干文传便判决两人所承担的罪责有轻重之别，按首犯从犯论处，那么为首者应当处死，司法官同意了这个判决。

王思廉与帝论反臣

十九年①，帝②幸白海③，时千户王著，矫杀奸臣阿合马④于大都，辞连枢密副使张易。帝召思廉⑤至行殿，屏左右，问曰："张易反，若知之乎？"对曰："未详也。"帝曰："反已反已，何未详也？"思廉徐奏曰："僭号改元谓之反，亡入他国谓之叛，群聚山林贼害民物谓之乱，张易之事，臣实不能详也。"帝曰："朕自即位以来，如李璮⑥之不臣，岂以我若汉高帝、赵太祖，遽陟帝位者乎？"思廉曰："陛下神圣天纵，前代之君不足比也。"帝叹曰："朕往者，有问于窦默⑦，其应如响，盖心口不相违，故不思而得，朕今有问汝，能然乎？且张易所为，张仲谦⑧知之否？"思廉即对曰："仲谦不知。"帝曰："何以明之？"对曰："二人不相安，臣故知其不知也。"

（《元史·王思廉传》）

【注释】

①十九年：指元世祖十九年，即公元 1279 年。②帝：即世祖忽必烈。③白海：地名，在今甘肃古浪县东北。④阿合马：元初大臣，回回人，专权横暴，打击异己，贪赃不法，后被诛杀。⑤思廉：即王思廉，字仲常，元朝真定获鹿人，后为元世祖大臣。⑥李璮：金末山东军阀李全之子，小字松寿，袭父职为益都行省，后起兵叛元，兵败身死。⑦窦默：字子声，初名杰，字汉卿，元朝广平肥乡人。元世祖大臣，忠诚正直。⑧张仲谦：元世祖时大臣。

【译文】

元世祖十九年，皇帝忽必烈到达白海，当时千户王著，在大都假传圣旨诛杀奸臣阿合马，他的供词里牵连到枢密副使张易。世祖召王思廉到行殿，屏退左右侍臣，然后问他说："张易造反，你清楚这件事吗？"王思廉回答说："不清楚。"世祖说："造反了就是造反了，你为何要说不清楚呢？"王思廉慢慢回奏说："篡改国号更改年号就叫做造反，逃入别的国家叫反叛，聚集在山林中祸害百姓抢掠财物叫做作乱，张易的事情，我实在不能说清楚呀。"世祖说："我自从登上帝位以来，像李璮这样的人都怀有不臣之心，难道他们觉得我像汉高祖、赵太祖那样，是匆忙登上帝位的吗？"王思廉说："陛下天纵英明，无比神圣，前代的君王都不足以与你相比啊。"世祖感叹说："我以前有问题问窦默，他总是很快就能回答，这大概是心里想的和口里说的不相违背，因此不思考就能回答，如今我有问题问你，你能做到这样吗？况且张易所干的事情，张仲谦知道吗？"王思廉马上回答说："张仲谦不知道。"世祖问道："你如何能确定这一点？"王思廉回答说："他们两人不能和谐地相处，我所以知道张仲谦不了解这件事。"

军 事

纽璘奇袭败宋军

纽璘①伟貌长身，勇力绝人，且多谋略，常从父军中。丁巳岁，宪宗②命将兵万人略地，自利州下白水③，过大获山④，出梁山军直抵夔门⑤。戊午，还钓鱼山⑥，引军欲会都元帅阿答胡等于成都。宋制置使蒲择之，遣安抚刘整、都统制段元鉴等，率众据遂宁江箭滩渡以断东路⑦。纽璘军至不能渡，自旦至暮大战，斩首二千七百余级，遂长驱至成都。蒲择之命杨大渊等守剑门及灵泉山，自将四川兵取成都。会阿答胡死，诸王阿卜干与诸将脱林带等谋曰："今宋兵日逼，闻我帅死，必悉众来攻，其锋不可当。我军去朝庭远，待上命建大帅，然后御敌，恐无及已。不若推纽璘为长，以号令诸将，出彼不意，敌可必破。"众然之，遂推纽璘为长。纽璘率诸将大破宋军于灵泉山，乘胜追擒韩勇，斩之，蒲择之

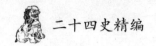

兵溃。进围云顶山城，扼宋军归路。其主将仓卒失计，遂以其众降。城中食尽，亦杀其守将以降。

（《元史·纽璘传》）

【注释】

①纽璘：元宪宗时大将，祖父和父亲都是元初的功臣，他也多次获得战功。②宪宗：即元宪宗蒙哥（公元1209—1259年）。③"自利州"句：利州，地名，在今四川境内。白水，涪陵江支流。④大获山：在今四川境内。⑤"出梁山军"句：梁山军，地名，在四川境内。夔门，在今四川内。⑥钓鱼山：在四川合川附近。⑦"率众"句：遂宁，今四川遂宁。箭滩渡，在遂宁附近。

【译文】

纽璘相貌雄伟，身材修长，勇力过人，并且还很有谋略，经常跟随父亲在军中征战。丁巳年，宪宗蒙哥命令纽璘带领一万士兵出征，在利州渡白水河，越过大获山，经过梁山军径直抵达夔门。戊午日，纽璘军回师钓鱼山，他带领军队想与都元帅阿答胡等在成都会师。宋朝制置使蒲择之，派安抚刘整、都统制段元鉴等，率军据守遂宁江箭滩渡以阻绝元军东进路线。纽璘的军队抵达后不能渡江，从白天一直激战到日暮，斩杀敌军 2700 多人，于是大军长驱直入进抵成都。蒲择之命令杨大渊等人防守剑门和灵泉山，自己亲率四川的士兵来夺成都。刚好阿答胡死了，诸王阿卜干和众将领脱林带等商议说："现在宋军逐渐逼近，如果他们听到我们主帅已死的消息，一定会发动全部军队前来进攻，那么他们的气势就会锐不可挡。我军远离朝廷，等到皇上任命主帅，然后再来抵抗敌军，恐怕就来不及了。不如推举纽璘作为主帅，让他来指挥诸将作战，让敌人意料不到，那么就可大败敌军。"大家对这个主张都很赞同，于是推举纽璘作主帅。纽璘率领众将士大败宋军于灵泉山，乘胜追击，生擒韩勇，并斩杀之，蒲择之军队大败。纽璘率军前进，包围云顶山城，阻断宋军退路。宋军主将惊慌失措，于是率军投降。云顶山城粮食消耗完了，众守军于是也斩杀其守将，然后出降。

两都之战

岁戊辰①七月庚午，泰帝皇帝崩于上都②，倒剌沙③专权自用，逾月不立君，朝野疑惧。时金枢密院事燕铁木儿④留守京师，遂谋举义。八月甲午黎明，召百官集兴圣宫，兵皆露刃，号于众曰："武皇有圣子二人，孝友仁文，天下归心，大统所在，当迎立之，不从者死!”乃缚平章乌伯都剌、伯颜察儿，以及中书左丞朵朵、参知政事王士熙等下于狱。燕铁木儿与西安王阿剌忒纳失里固守内廷。于是帝⑤方远在朔漠，猝未能至，虑生他变，乃迎帝弟怀王于江陵，且宣言己遣使北迎帝，以安众心。复矫称帝所遣使者自北方来，云周王⑥从诸王兵整驾南辕，且夕即至矣。丁巳，怀王入京师，君臣请正大统，固让曰：“大兄在北，以长以德，当有天下。必不得已，当明以朕志播告中外。”九月壬申，怀王即位，是为文宗。改元天历，诏天下曰：“谨俟大兄之至，以遂朕固让之心。”

时倒剌沙在上都，立泰定皇帝子为皇帝，乃遣兵分道犯大都⑦。而梁王王禅、右丞相答失铁木儿、御史大夫纽泽、太尉不花等，兵皆次于榆林⑧，燕铁木儿与其弟撒敦、子唐其势等，帅师与战，屡败之。上都兵皆溃。十月辛丑，齐王月鲁帖木儿、元帅不花铁木儿以兵围上都，倒剌沙乃奉皇帝宝出降，两京道路始通。于是文宗遣哈散及撒迪等相继来迎，朔漠诸王皆劝帝南还京师，遂发北边。

（《元史·明宗本纪》）

元 史

【注释】

①戊辰：指泰定帝也孙铁木儿致和元年，即公元 1328 年。
②上都：地名，即今内蒙古自治区正蓝旗东 20 公里闪电河北岸。③倒剌沙：泰定帝时权臣。④燕铁木儿：功臣土土哈之孙，元文宗时权臣，曾密谋毒死明宗，后惧怕事情败露，病死。⑤帝：即元明宗。⑥周王：即元明宗。⑦大都：地名，即今北京。⑧榆林：地名，即今陕西榆林。

【译文】

戊辰年七月庚午日，泰定皇帝死于上都，倒剌沙专权独断，横行无忌，过了一个多月还不拥立新皇帝，朝廷上下人心惶惶。当时佥枢密院事燕铁木儿留守京师，决定政变。八月甲午日黎明，燕铁木儿在兴圣宫召集百官，兵器都露了出来。他向众人号召说："武宗皇帝有两位皇子，忠孝仁义，老百姓都归服他们，他们是皇位的最佳继承人，应当迎立他们，不同意的就得处死。"于是逮捕了平章乌伯都剌、伯颜察儿，并把中书左丞朵朵，参知政事王士熙押入大牢。燕铁木儿与西安王阿剌忒纳失里一齐把守宫廷。这时明宗皇帝远在北方，匆忙之间不能赶到，考虑到可能会发生其他变故，于是前往湖北江陵迎立明宗皇帝的弟弟怀王（即文宗皇帝），并且宣称已经派使臣到北方去恭迎明宗皇帝，用以安定人心。接着又假称明宗派遣的使者

235

从北方赶来，报告周王和诸王及卫士们向南赶来，马上就会到了。丁巳日，怀王进入京师大都，诸王大臣们请求他登基，怀王推辞说："我的大哥在北方，凭他的年龄和德行，都应该可以统治天下。现在情势迫不得已，应当把我的想法告于天下。"九月壬申日，怀王即位，就是文宗，改年号为天历，诏告天下人说："我等待着我的大哥回到京师，这样就可以达成我推辞即位的心愿。"

此时倒剌沙在上都，拥立泰定皇帝的儿子为新帝，然后派兵分几路进犯大都。不久梁王王禅、右丞相答失铁木儿，御史大夫纽泽、太尉不花等，率兵都抵达榆林。燕铁木儿和他的弟弟撒敦、儿子唐其势等人，率军同他们作战，屡次击败他们。上都的军队都被击败了。十月辛丑日，齐王月鲁帖木儿，元帅不花铁木儿率兵包围了上都，倒剌沙不得不捧出皇帝玉玺出降，大都与上都的道路这才开始畅通。于是文宗又派哈散及撒迪等先后前去迎接明宗皇帝回大都即位，北方的诸王都劝谏明宗南还京师，明宗皇帝于是从北边开始起程。

理　财

皇后性俭

　　后①性节俭，不妒忌，动以礼法自持。第二皇后奇氏②素有宠，居兴圣西宫，帝希幸东内。后左右以为言，后无几微怨望意。从帝时巡上京，次中道，帝遣内官传旨，欲临幸，后辞曰："暮夜非至尊往来之时。"内官往复者三，竟拒不纳，帝益贤之。帝尝问后："中政院③所支钱粮，皆传汝旨，汝还记之否？"后对曰："妾当用则支。关防出入，必己选人司之，妾岂能尽记耶？"居坤德殿，终日端坐，未尝妄逾户阈。至正二十五年八月崩，年四十二。奇氏后见其所遗衣服弊坏，大笑曰："正宫皇后，何至服此等衣耶！"其朴素可知。

（《元史·后妃传》）

【注释】

　　①后：指元顺帝妥欢帖睦尔皇后，名伯颜忽都。②奇氏：

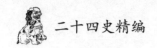

元顺帝第二皇后奇氏，名完者忽都。③中政院：元朝官署，掌管皇后中宫的财赋、营建、供给及宿卫士和分地人户等事。

【译文】

伯颜忽都皇后生性节俭，不妒忌人，行动举止符合礼法。第二皇后奇氏一向受顺帝的宠爱，住在兴圣西宫，顺帝希望到东宫过夜。皇后手下人把这件事告诉了皇后，皇后没有丝毫埋怨。那时皇后跟随顺帝巡视上都，车驾在半路上驻扎，顺帝派内监传旨，想到皇后这儿来过夜，皇后推辞说："深夜不是皇帝往来的时候。"内监反复几次传旨，均被皇后婉言回绝了，顺帝更认为她贤德。顺帝曾经问皇后："中政院所支用的钱粮，都是传你的旨意，你还记得吗？"皇后回答说："我应当用的就支出。出纳用度，一定会选人掌管，我怎么能全部记下来呢？"皇后住在坤德殿的时候，整天静坐，不曾轻易出过宫门。顺帝至正二十五年皇后去世，时年 42 岁。第二皇后奇氏看到她留下来的衣服都很破旧，大笑着说："正宫皇后，何至于穿这样破旧的衣服呢！"由此可见其朴素之一斑。

德　操

姚燧氏大器晚成

　　姚燧字端甫，……父格，燧生三岁而孤，育于伯父枢①。构隐居苏门②，谓燧蒙暗，教督之甚急，燧不能堪，杨奂③驰书止之曰："燧，令器也。长自有成尔，何以急为！"且许醮以女。年十三，见许衡④于苏门，十八，始受学于长安。时未尝为文，视流辈所作，惟见其不如古人，则心弗是也。二十四，始读韩退之文，试习为之，人谓有作者风。稍就正于衡，衡亦赏其辞，且戒之曰："弓矢为物，以待盗也；使盗得之，亦将待人。文章固发闻士子之利器，然先有能一世之名，将何以应人之见役者哉！非其人而与之，与非其人而拒之，钧罪也，非周身斯世之道也。"

（《元史·姚燧传》）

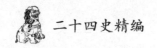

【注释】

①枢：即桃枢，元初政治家、理学家，字公茂，号雪斋，先世由柳城人内地，后参预朝政，制定一代制度。②苏门：地名，在今河南辉县北。③杨奂：元朝乾州奉天人，字焕然，由金入元，为官10年告老。④许衡：元代理学家、教育家，字仲平，时人称鲁斋先生，原籍河南沁阳，后迁新郑，为元朝大儒学家。

【译文】

姚燧字端甫，……父亲姚格，在姚燧13岁时就死了，因此他便由伯父姚枢抚养成人。姚枢当时隐居在苏门。他以为姚燧十分愚笨，教育管束十分急躁，姚燧无法忍受，杨奂得知后急忙写信劝止姚枢说：“姚燧，是一件精美的玉器呀。长大后他自然会有成就，何必为他着急呢！”杨奂并且还将女儿嫁给姚燧作妻子。13岁时，他在苏门拜见许衡，18岁时，才开始在长安求学。当时他还未曾写文章，然而看了时人所作的文章，觉得他们远远不如古人，内心里便极不以为然。24岁时，他才开始读韩愈的文章，试着仿照写文章，人们都说他的文章有韩愈的气势和风格。后来向许衡请教，许衡也赞赏他的文辞，并告诫他说：“弓箭作为武器，是为了防备盗贼呀；倘若盗贼得到了弓箭，也要用他来害人。文章固然是表露儒士思想人格的利

器，但是倘若不能先认清一时的潮流，将如何应对那被役使的地位呢？不是适当的人而给与他利器，与是适当的人而拒绝给他利器，都是错误的，都不是完满自身面对这个世界的方法啊！"

义救赵王

九月①丁酉朔，诏授昔班帖木儿同知河东宣慰司②事，其妻剌八哈敦云中郡夫人，子观音奴赠同知大同路③事，仍旌表其门闾。先是，昔班帖木儿为赵王位下同知怯怜口④总管府事，其妻尝保育赵王，及是部落灭里叛，欲杀王，昔班帖木儿与妻谋，以其子观音奴服王平日衣冠居王宫，夜半，夫妻卫赵王微服遁去。比贼至，遂杀观音奴，赵王得免。事闻，故旌其忠焉。

（《元史·顺帝本纪》）

【注释】

①九月：指元顺帝妥欢帖睦尔十八年九月，即公元1351年。②"诏授"句：河东，地名，在今山西境内。宣慰司，即宣慰使司，元代为地方行政机构宣慰司的长宫，掌管军民

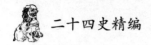

之政。③大同路：地名，在今山西境内。④怯怜口：蒙古语的音译，意即家中儿郎，指蒙古和元朝皇室、诸王、贵族的私属人口。

【译文】

公元 1351 年，元顺帝下诏授与昔班帖木儿同知河东宣慰司一职，其妻刺八哈敦为云中郡夫人，儿子观音奴受赠为同知大同路之职，还表彰他们的整个家族。起初，昔班帖木儿在赵王属下担任同知怯怜口总管府一职，他妻子曾作为保姆抚育过赵王，等到灭里部落叛变之后，要杀赵王，昔班帖木儿和妻子一齐商量，让他们的儿子观音奴穿上赵王平时的衣服居住在王宫，半夜里，他们夫妻护着赵王微服逃走。叛贼到王宫后，就杀掉了观音奴，赵王得以逃脱。此事被皇帝知道后，就下旨表彰他们的忠诚。

管如德勇敢无畏

管如德，黄州黄陂县人。……先是，如德尝被俘虏，思其父，与同辈七人间道南驰，为逻者所获，械送于郡。如德伺逻者怠，即引械击死数十人，各破械脱走，间关万里达父所。景模①喜曰："此真吾儿也。"至

242

是，入觐，世祖②笑曰："是孝于父者，必忠于我矣。"一日，授以强弓二，如德以左手兼握，右手悉引满之，帝曰："得无伤汝臂乎？后毋复然！"尝从猎，遇大沟，马不可越，如德即解衣浮渡，帝壮之，由是称为拔都③，赏赉优渥。帝问："我何以得天下，宋何以亡？"如德对曰："陛下以福德胜之。襄樊，宋咽喉也，咽喉被塞，不亡何恃！"帝曰："善。"

（《元史·管如德传》）

【注释】

①景模：指管景模，管如德之父。②世祖：指忽必烈。③拔都：意即汉语中"勇士"。

【译文】

管如德，黄州黄陂县人。……起初，管如德曾经被俘虏，他非常想念他的父亲，便与7位同辈的人一齐从小路向南逃跑，被巡逻的士兵抓获，用镣铐锁起来，准备押送到州郡中去。管如德乘巡逻的人不注意时，马上拿起镣铐打死了几十人，因此他们各自挣脱镣铐逃走，管如德越过重重关卡不远万里终于到达了父亲的治所。管景模大喜说："这真是我的儿子呀。"到达之后，管如德拜见世祖，世祖笑着说："凡是孝敬父亲的人，

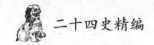

一定会忠诚于我呀。"一天，世祖赐给他两把强弓，管如德用左手将两把弓一齐握住，用右手将两支弓的弦都拉满，世祖说："没有弄伤你的手臂吧？以后不要再这样了！"管如德曾跟随世祖出外打猎，碰上了一条大沟，马跳不过去，管如德立即脱下衣服浮在水上渡世祖过沟，世祖称赞他雄壮，管如德由此而被称为拔都，所受赏赐十分优厚。世祖曾问管如德："我凭什么得到天下，宋朝为什么会亡国？"管如德回答说："陛下凭着洪福和威德得到了天下。襄樊，是宋朝的咽喉之地，咽喉被堵塞，怎么会不灭亡呢！"世祖赞誉说："回答得好。"

杀虎能手别的因

明年，庚申①，世祖②即位，委任尤专。癸亥正月，召赴行在所。冬十一月，谒见世祖于行在所，世祖赐金符，以别的因为寿、颍二州屯田府达鲁花赤③。时二州地多荒芜，有虎食民妻，其夫来告，别的因默然良久，曰："此易治耳。"乃立槛设机，缚羔羊槛中以诱虎。夜半，虎果至，机发，虎堕槛中，因取射之，虎遂死。自是虎害顿息。

至元十三年，授明威将军、信阳府④达鲁花赤，佩金符。时信阳亦多虎，别的因至，未久，一日以马褥置

鞍上出猎，命左右燔山，虎出走，别的因以褐掷虎，虎搏褐，据地而吼，别的因旋马视虎射之，虎立死。

（《元史·抄思传》）

【注释】

①庚申：即公元 1260 年。②世祖：即元世祖忽必烈。③达鲁花赤：蒙古语"镇守者"的音译，元朝官名，为所在地方、军队和官衙的最大监治长官。蒙古贵族征服许多地方后，无力进行单独统治，便委托当地统治者治理，派出达鲁花赤监临，并掌握最后裁定权。④信阳府：府名，在今河南境内。

【译文】

第二年是庚申年，元世祖忽必烈即帝位，特地委任了一些大臣。癸亥年正月，召别的因赴行宫。冬十一月，别的因在行宫拜见世祖忽必烈，世祖赏赐给他金符，委任他为寿、颖二州屯田府达鲁花赤。当时这两州大多是荒芜的地方，有一只老虎吃掉了民夫的妻子，她的丈夫前来报告，别的因沉默了一会儿，然后说："这极好办。"因此设立槛笼机关，在槛笼中缚住一只羊来引诱老虎。半夜里，老虎果然来了，机关发动，老虎便掉进槛笼机关之中，别的因便取箭射虎，老虎被射死。从此虎害便止息了。

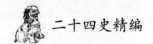

　　至元十三年，别的因被加授明威将军、信阳府达鲁花赤之职，并佩金符。时值信阳府也有许多老虎，别的因到后，没过多久，一天把衣服放在马鞍上出去打猎，他令手下人烧山，老虎逃出来，别的因便把衣服掷向老虎，老虎冲向衣服，在地上怒吼，别的因回马照着老虎射击，老虎立刻就被射死了。

传世故事

元世祖委任以专

南宋末年，赵宋朝廷在元军的猛烈进攻下，岌岌可危。德祐二年（1276），刚刚即位一年半的宋恭帝派使者向元军求和，元军拒绝，在元军兵临临安城下的情况下，他只好俯首请降。四个月后，益王赵昰（shì）于福州即位，是为宋端宗。元军一路紧追，当了半载皇帝的端宗逃到惠州，又不得不向元军奉表请降。景炎三年（1278），陆秀夫、张世杰等立 8 岁的卫王赵昺为帝，这就是南宋最后一个短命皇帝。

当时，中原几乎全都落入元军之手，宋帝僻居东南一隅，为保险起见，又移住新会县南八十里海中的崖山，追随他的官兵、民兵二十余万人大都住在崖山周围的船中。尽管宋帝已根本不能控制天下，但他的存在至少还是个南宋未彻底灭亡的象征，多多少少在心理上仍影响着臣民。所以，元江东宣慰使张弘范向元世祖忽必烈进言道："张世杰立赵昺于海上，福建、广东的民众都响应他，应该进兵予以歼灭。"元世祖便任命张弘范为蒙古汉军都元帅。张弘范面辞世祖时，请示道："国家没有汉人掌管蒙古军的制度。臣为汉人，只怕难以控制军队，请陛下派一位亲信的蒙古大臣与臣同往。"世祖反对道："你不记得你父亲与察罕的事情吗？他们攻陷安丰时，你父亲要派兵守卫，察罕却不同意，结果他们挥师南下，安丰又为宋人所占，弄得他们几乎进退失据。你父亲因此非常恼恨了。究其原因，就是在于委任不专。现在，我怎么能让你再产生你父亲那样的悔恨呢？"于是，只派他一人统帅军队，并且要赐给他锦衣玉带。张弘范却推辞道："臣奉命远征，要锦衣玉带没有什么用。如陛下肯赐宝剑、盔甲，臣就可以仰仗威灵，镇住不服从命令的人，从而完成臣的职责。"世祖对他的力，便拿出上方宝剑赐给他，严肃地对他说道："这上方剑，就是你的副帅。谁要是胆敢抗命不遵，你就用这把剑惩罚他！"张弘范获得生杀予夺的大权，有了师出必胜的信心。他又举荐李恒为副将，率领两万水陆大军，从扬州分道南下，去征讨崖山。

蒙古和汉族的将士见世祖对张弘范如此信任，谁敢和他手中的上方剑开玩笑？因此，人人都听凭调遣，个个服从指挥。这一年的十一月，张弘范率军攻下广州，不久又在海丰俘获了宋丞相文天祥。元至元十六年（1279），张弘范又领兵浮海击败了崖山守将张世杰。陆秀夫见大势已去，便对宋帝说道："国事到了这步田地，陛下应当为国而死。"说完，背着宋帝跳进了大海，张世杰也绝望地投海自尽。自此，南宋宣告灭亡，被元世祖授以统军大权的张弘范果然不辱君命。

（《元史·元祖本纪》等）

用汉法重宋士　世祖定天下

元世祖忽必烈是蒙古成吉思汗的孙子、元宪宗蒙哥的弟弟。他从青年时代起，就怀有治理天下的宏伟抱负。因而，他每到一地，都十分注意"访求贤才"，虚心求教。一些汉人中懂得经邦治国之道的儒生，还被他留在自己的藩王府内供职。这些人又受命四处寻求名士英才，使一批深晓文韬武略的南人儒士云集在他的身边，构成了决策的智囊团。

蒙古乃马真皇后称制三年（1244），忽必烈的帐下已有赵璧、董文用、窦默、僧子聪（俗名刘侃）等人，窦默又向他推荐了姚枢。姚枢被请来后，向他呈献了陈述治国之道的著作。该书分"修身、力学、尊贤、亲亲、畏天、爱民、好善、远佞"等八类三十条数千言，忽必烈非常欣赏他，遇事总是向他资询。元定宗二年（1247），僧子聪向他举荐了张文谦，他任之为王府书记。当时，忽必烈受封的邢州民生凋弊，张文谦挑选乌托、刘肃、李简三人赴邢州治政后，民户增加了十倍。从此，忽必烈愈加地重视儒士。他听说真定路经历官张德辉很有贤能，便请入府中求教。张德辉批驳了儒臣亡国的观点后，以他房中一个银盘打比方道："创业的君主治国正如制造这个盘子的良匠一样，精选白银，按照规矩把它制出，目的是使后人传之无穷。应当选择恭谨敦厚的人掌管它，这样它才能成为永久的宝物。否则，不仅仅会出现破损，恐怕还会有人把它偷了去。"忽必烈沉思了良久，深深地折服。张德辉还为他推荐了魏璐、元裕、李冶等二十余位人才。在回真定之前，张德辉为他指出当务之急七件事，即"敦孝友、择人才、察下情、贵兼听、亲君子、信赏罚、节财用"。忽必烈高兴得只称其字而不称其名。

元宪宗元年（1251），忽必烈的同母兄蒙哥即位为大汗，命他总领漠南汉地军政庶事。姚枢劝他道："如今天下，要说土地广阔，人民殷富，财物丰饶，恐怕属汉地为最。大王若全据为己有，那天子还有什么？到一定的时候，天子必然后悔被大王占去。不如只掌握兵权，其他诸事一律交有司负责。这样，可保平安无事。"忽必烈一想有理，便依计行事，取得了蒙哥的信任。僧子聪则劝他仿效西周的周公，辅佐兄长治理国家，并从各个方面详细提醒他为政的注意事项，他都记在心里。元宪宗三年，忽必烈平定云南时，采纳了徐世隆等人的意见，按照儒家所谓"不嗜杀人者能一之"的取天下道理，命姚枢裂帛为旗，上书"止杀"之令，树在街头巷尾。后来在征伐南宋的争战中，他一直试图遵守"王者之师，有征无战"的诺言，纠正"威武有余，仁德未洽"的倾向，南宋臣民抵抗力度固此而降低很多。

元宪宗九年（1259），蒙哥大汗死于军中。在围绕大汗一位的激烈争夺中，忽必烈在郝经、张文谦、商挺、廉希宪等人的出谋划策下，抓住时机，先发制人，击败了阿里不哥一派，登上了大汗的宝座，建元中统（1260）。

忽必烈即位后，即向僧子聪、史天泽、许衡等请教如何治理天下统御民众，他们参照古制旧典，根据现实的需要，提出一整套有关国家机构和官职制度的设想。原来，蒙古自元太祖成吉思汗以来，诸事草创，设置官职、机构非常简单。位置最高的是断事官，居于三公之上，丞相称作"大必阇赤"，掌握军队的只有左右万户。后来仿效金朝的制度，设立了行省以及元帅、宣抚等官职。这次，忽必烈批准了僧子聪等人的设计，设置了总理政务的中书省、掌管兵权的枢密院、负责官员升降的御史台；地方上则设宣慰司，隶属于中书省，下辖路府州县，此外还设有隶属于御史台的提刑按察司。这些机构都"官有常职，位有常员，食有常禄"，元朝一代的机构、官职从此才开始齐备了。至元八年（1271），忽必烈还采纳僧子聪的建议，把"大蒙古国"改为"大元"。这一新的国号取自《易经》"大哉乾元"的含义，意思是国土辽阔，祚运无边。

（《元史·世祖本纪》等）

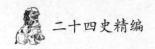

汉人为官

元朝初入中原，以游牧民族统治中原大地。很多蒙古贵族主张掳掠，甚至主张以中原沃土为牧场，进行种族歧视，而元世祖忽必烈等人则坚决主张吸收汉族文化，以儒术治国。高智耀和窦默这样的汉族儒士，在元世祖受到极大重视。

高智耀是河西人，世代在西夏做官，夏被灭国后隐居在贺兰山。元太宗（窝阔台）访求河西世家贤能子弟时，众人都推举高智耀，就召见准备起用他，但他推辞不仕。

蒙古皇子阔瑞镇守西凉时，把所有的儒士都贬为隶役。高智耀就到元府说儒者向来受到文化尊重，现在与小厮杂役同等对待，不合道义，请求废除此令。皇子听从了他的建议，要上奏请他做官，他还是不干。元宪宗继任，高智耀入见说："儒者所学的是尧、舜、禹、汤、文、武之道，自古治理国家者，采用了此术就天下安定，否则就天下大乱，培养这些儒生就是要派用场的。应该免去他们的徭役而重用他们。"皇帝问："儒家与巫医之术相比你看怎样呢？"他回答道："儒家用纲常治天下，岂是方技所比得上的。"宪宗说："很好，在此之前从来没人告诉过我这些。"于是下诏免除天下儒生的徭役。

元世祖没继位时，已听说了高智耀的贤明，等到即位之后召见他，他又大谈儒术对国家治理有用，反复与皇帝辩论。世祖觉得他的话有理，就给他铸印授官，命免除徭役的儒户们都受他的辖制。当时淮、蜀等地遭到俘虏的儒士，都被贬为农奴，高智耀上奏说："以儒生为奴仆，古来从未有过，陛下现在号称以古道治国，应该免除此法令，用以号召天下。"世祖以为有道理，就拜他为翰林学士，命他到各郡县去识别选拔儒士，得到几千人。当时的蒙古贵族大臣有的非难他选人过滥，皇帝责问他，他回答说："士，譬若金子，颜色有深有浅，不能说它不是金子；人的才艺有深有浅，难道可以说他不是士吗？"世祖很高兴，更加宠信倚重他。高智耀又说："国家初创，纲纪不完备，应该仿效前代，设置御史台来纠察监肃官吏。"至元五年（1268），就设置了御史台，就是采用了他的建议。

高智耀后来被提升为西夏中兴等路的提刑按察使，这时西北蕃王派使者到朝廷来报告说："我们向来所用的旧俗与汉人不同，现在留在汉人地方，建设都邑城廓，设立礼仪制度，开始行使汉法，但过去的汉法究竟是什么样子的呢？"元世祖召求可以解答西北蒙古问题者，高智耀入朝，请求西行治其国，世祖问他的计划，他都一一对答，皇帝认为很妥当，即日就派遣他上路了。但是刚走到上京，就一病不起，世祖很震惊，也极为哀伤。

元世祖对儒学和儒士的重视，没即位时就开始了，广平（今河北）人窦默早年受教于伊、洛性理之学，与姚枢、许衡在大名（今河北大名）隐居讲学授经，非常有名。忽必烈就派人去请他，他隐姓埋名不见，使者托人往见，穿便服跟踪他，他才不得已出来受命。忽必烈问他治国之方，他用三纲五常相对，三次召见相谈，他都说得让忽必烈称意，就让他不离开左右，随时备用。元世祖问他当世谁通晓治国之道，他推荐姚枢，立即就召用了姚。

不久就命皇子真金跟窦默学习，并赐给他玉带钩，说："这东西是宋朝宫内旧物，你是旧朝之人，配戴它正合适。而且这可以使我儿子见到它就像见到我一样。"不久窦就南归，忽必烈在大名、顺德等地给他赐有田宅，给以赏赐。

元世祖即位后，又在上京召见他，说："我要访求唐代魏征那样的人，有吗？"窦默说："犯颜直谏，刚毅不屈，许衡就是那样的人；深识远虑，有宰相之才，史天泽就是那样的人。"史当时正在做河南宣抚，皇帝马上召回拜为右丞相，让窦墨为翰林侍讲学士。

当时，王文统正受委任重用，窦默上书说他学术不正，久居宰相之位，必然祸害天下。皇帝问谁可以代替他，他又说许衡可以当宰相，元世祖极不高兴。王文统也因此十分恨他。窦不久就因病归乡。很快王文统因罪伏法了，皇帝追忆窦默的话，对近臣说："过去说王文统不可重用的，只有窦默一个人，假如还有一二个人说他，我能够不考虑吗？"于是又把他召回来，

在京城赐修宅第，月给俸禄，国家有大事就去向他咨询。

后来窦默与王磐分掌翰林院，兼掌蒙古文字，又兼掌国史院，修篡国史，典制诰，备顾问。他还请求仿照周代旧制建国学，立国师，选贵族子弟接受教育，用以引导全国文化风气，这些都被世祖称许采纳。

窦默为人平易自足，平时很少评品人物，与人相处，温和而有儒者气象，但谈论国家大事，则当面怒诤，人们称汲黯也不过于此。元世祖曾对人说："我求贤三十年，只得到了窦汉卿（默）和李俊民两个人。"

（《元史·高智耀传》、《元史·窦默传》）

阳逻堡之战

公元 1259 年，蒙哥亲自率军伐宋时病死，蒙哥之弟忽必烈即位。忽必烈汗至元八年（1271），忽必烈定国号为元，建都大都，是为元世祖。

元至元十一年，宋咸淳十年（1274），忽必烈发兵二十万南下征宋，任命左丞相伯颜为河南等路行中书省，即征南元帅。九月，伯颜命宋降将刘整率一部进军淮西淮南，令博罗权进攻扬州，以牵制宋军。伯颜则亲率大军自襄阳沿汉水挺进鄂州，又分兵进至枣阳之司空山以及荆南一带，以翼护主力之安全。

伯颜又令宋降将吕文焕率舟师为前锋，他则与元平章事阿

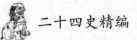

术、大将阿剌罕、张弘范统领大军水陆并进，往攻郢州。

宋将张世杰驻守郢州，顽强抵抗，伯颜命大军绕开郢州，凿开黄家湾水坝，破竹为席，铺于地上，将舟船拖入汉水，遂袭取宋之沙洋、新城、复州。

伯颜在蔡店召集诸将开会，研究下一步进军方略，并视察汉口形势。时宋将夏贵率战舰万艘驻扎汉口，在沿江各要害地点，均置兵把守，如都统制王达率兵八千守卫阳逻堡，京湖宣抚使朱達孙率游击军扼江之中流，元军被阻，难以前进。

阿术部将马福献策，建议大军避开阳逻堡，自沙芜口入长江。伯颜派人去沙芜口侦察，结果发现该地亦有宋兵把守。

情急之下，伯颜麾军围汉阳，作出要从汉口渡江的架式，实际上欲将夏贵的精兵吸引过来，然后元军可以乘虚从沙芜口渡江。

夏贵见元兵进攻汉阳，果然中计，急调各地精兵赴援。伯颜乃遣阿剌罕率奇兵潜至沙芜口，乘宋军守备虚弱一举袭取之，元军舟师方得自此处入江。

而阳逻堡乃长江上的要塞，至为坚固。不攻破此堡，元军舟师难以顺流而下。元军战舰万艘相继而至，蔽于江面，伯颜遣使至阳逻堡招降，王达拒之，伯颜因命战舰千艘进攻，连攻三天，阳逻堡岿然不动。

伯颜审时度势，乃对阿术道："彼谓我必拔此堡，方能渡江。此堡甚坚，攻之徒劳。汝夜以铁骑三千泛舟直趋上流，为捣虚之计，明日渡江，袭江南岸，已过则亟遣人报我。"

阿术深以为然，亦道："攻城下策也。若分军船之半，循岸西上，泊青山矶下，伺隙而动，可以如志。"

计议已定，伯颜令大将张弘范进攻阳逻堡，夏贵恐阳逻堡有失，又率军来援，双方展开激烈的攻守战。至傍晚，阿术即率军溯流直上，行四十里，至青山矶。是时风雪大作，黎明时，阿术见南岸多露沙洲，即令将士们载马而渡，元将史格率部先渡，不意为此处的南宋守将、荆鄂都统程鹏飞发觉，马上引兵来战，史格三处负伤，其部下三百人战死。阿术此时率军赶到，与宋军在江中大战，程鹏飞终因寡不敌众，节节败退。史格尽管身中流矢，仍奋勇冲杀，元军遂登沙洲。程鹏飞身负七伤，大败逃走，元军获其战舰千余艘，遂搭起浮桥，元铁骑顺利渡江。

阿术遣人向伯颜报捷，伯颜大喜，麾众急攻阳逻堡。

夏贵得知元兵已在上游渡江，不久将来夹攻，大惊，无心恋战，匆忙率三百艘战船先逃，沿江向东，纵火焚烧西南岸民舍，并大掠百姓资财，然后退到庐州。

宋军主将逃走，阳逻堡遂被攻破，王达与守军八千人及定海水军统制刘成全部死难。元将请穷追夏贵，伯颜说："阳逻之捷，我正要派使者去告诉宋人。今夏贵逃走，省得我再派使

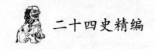

者了。"

因此，伯颜渡江，与阿术会合。

诸将议师之所往，有人建议顺流东进，攻取蕲州、黄州，阿术以夏贵东走，长江下流必有戒备，攻之不易，乃建议溯流而上，先克鄂州。伯颜从之，乃乘鄂州宋军惊慌失措、进退无主之机兵临城下，朱達孙闻阳逻堡失守，知大势已去，连夜逃往江陵。汉阳守将王仪遂开门投降，鄂州已成孤城，程鹏飞亦以城降。

蒙古兵向以行动迅速、能征惯战闻名，其战略战术亦有个突出特点，即善于避实击虚，善于采取迂回袭击的战术，从而使敌人的防线立刻陷于崩溃，或成为无用的摆设。加上蒙古多为铁骑，行动神速，不惮于长途行军，故其横行欧、亚两大洲，屡屡得胜，无论是汉人、女真人、契丹人，抑或花剌子模人、俄罗斯人、匈牙利人、波兰人、叙利亚人……皆败于其铁蹄之下。观其攻宋阳逻堡之役，即可管窥其战略战术之机动灵活。

（《元史·伯颜传》、《元史·世祖本纪》）

张世杰铁链锁船遭火攻

公元1275年，元军统帅伯颜占领宋之健康，元帝忽必烈以将至夏季，元兵喜寒畏暑，难耐酷热天气，故令伯颜收兵，待秋季再谋征讨。

此时的南宋朝廷已是日薄西山，气息奄奄，赖有江南人民勇于抗击外侮的民族气节而苦苦支撑，因此尚有东南残局，然已朝不保夕。

伯颜主张一鼓作气，击灭南宋，不给宋廷以喘息之机。忽必烈道："将在军，不从中制，兵法也！"于是同意伯颜的意见，令诸路征南大军继续攻宋。

于是伯颜坐镇健康，分兵略地，一时间，宋之常州、无锡、滁州、平江、东海州、西海州诸城纷纷陷落。宋廷乃令张世杰总都督府诸军事，统帅江淮一带诸路兵马以拒敌。

张世杰走马上任后，派宋将阎顺、李存进军广德，谢淇永进军平江，李山进军常州，实施反攻，竟一举收复广德、常州等地，南宋军民人心大振。

是时，元参知政事阿术正率军围攻宋之扬州，张世杰率战船万余艘抵达镇江，欲援扬州。扬州守将李庭芳、姜才以为里应外合夹击元军的时机已到，遂出城反攻。姜才与副将张林率二万骑兵乘夜袭元军大营，元守营栅将领史弼急忙向阿术告急，阿术率军赴援。凌晨，元宋两军隔水列阵，阿术统军渡水进击，宋军之阵甚坚，无懈可击，阿术只得引军而退。

元军退时，姜才以为有机可乘，乃麾军追击，阿术正想与宋军交战，遂回军迎击，宋军难敌蒙古兵之凶猛剽悍，大败而逃，阿术纵兵追杀，宋军被杀者十之五六，张林被元兵活捉，

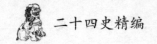

姜才仅率数千人逃脱。

扬州之败，令张世杰大为恼怒，即与部将刘师勇、孙虎臣等率万余艘战船停泊于焦山一带的江面上，张世杰令十舟为一方阵，皆在江中抛锚下碇，船与船之间用铁锁相连，"示以必死"，欲与元军决一死战。

阿术则不慌不忙，战前先登石公山观敌瞭阵，见宋军"舳舻相接，旌旗蔽江"，道："可烧而走也。"阿术马上挑选善射之健卒一千人，载以巨舟，分别从宋军的两翼射击，阿术则率大军居中进攻，待靠近宋军之船，阿术下令以火箭射之，宋军船上的帆樯布篷马上着火，霎时烈火熊熊，烟焰蔽江，船上的宋军欲战不得，欲走不能，只好逃入江中，淹死者不计其数。

张世杰适在后军，前面的船只着火，宋军大乱，张世杰难以指挥，便弃军先逃。元军大获全胜，缴得尚未被烧的宋军船只七百余艘。

阿术获得此胜，对元军灭宋全局的作用至关重大。阿术在扬州牵制住张世杰，使伯颜从容不迫地率军攻占宋都临安，所以《元史》云："伯颜所以兵不血刃而平宋者，阿术控制之力为多。"

忽必烈于是年夏末拜伯颜为右丞相，伯颜认为阿术之功劳比自己大，遂自请居阿术之后，忽必烈乃拜阿术为左丞相。张世杰与文天祥齐名，他们坚持抗击元军，虽屡败而屡战，直至捐躯，忠勇可嘉。可叹的是，他们忠义有余，能力不足，不用说使宋朝再次"中兴"，即使像郑成功那样占据一个海岛与外族政权抗衡，亦是不能。

昔时曹操攻吴，也是舳舻蔽江，千艘战船用铁锁相连，结果遭火攻而大败。张世杰是行伍出身，不学无术，昧于此理，竟蹈曹操之覆辙，将南宋的老本消耗殆尽，实属不该！

（《元史·阿术传》、《宋史·张世杰传》）

蒙古迂道灭金

公元 1227 年七月，成吉思汗在征讨西夏时得疾，临去世前，以未能灭金为憾，并对诸子群臣面授灭金方略，道："金精兵在潼关，南据连山，北限大河，难以遽破。若假道于宋，宋金世仇，必能许我，则下兵唐、邓，直捣大梁。金急，必征兵潼关，然以数万之众，千里赴援，人马疲敝，虽至，弗能战，破之必矣！"

成吉思汗言罢而卒，享年七十三。其子窝阔台即位。是时，西夏已亡，因此伐金便成为窝阔台的当务之急。恰如成吉思汗所言，金廷认为蒙古大军灭西夏后，会从西北南侵，故集精兵二十万布防于潼关一带。蒙古欲突破金之防线，殊为不易。至蒙古窝阔台汗三年，蒙军在陕西与金军作战，可战果不大，窝阔台乃召诸王大将商议伐金之策，成吉思汗第四子拖雷请窝阔

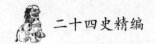

台屏退众人，密道："金主廷汴，二十年矣！所恃者黄河、潼关之险耳。若出凤翔，道汉中，不一月，可抵唐、邓。金人失险，首尾不相顾，我取之如探囊底物矣！"

拖雷所言，正是成吉思汗之遗策，窝阔台闻之而喜，因此决定派大军从三路伐金，一路由斡陈那颜统领，从济南出发，进击汴京之东；一路由窝阔台亲自统领，先攻河中、孟津，以牵制守卫潼关、黄河天险的金军；第三路即蒙古的迂道伐金部队，共三万精骑，由拖雷统领，南下迂回唐、邓以攻金之侧背。

拖雷统军从凤翔驰至宝鸡，遣使者朔不罕至宋廷，请宋出兵联合伐金，并为蒙军借道以袭金军之背。而朔不罕至宋沔州青野原后，因向宋索要粮草，竟被南宋守将张宣杀死了。拖雷闻讯大怒，立即率三万铁骑渡渭水攻破南宋之凤州，出武休关，攻克兴元府、洋州，宋兵民死于战乱者达数十万。

至此，拖雷计划东进袭金，又担心四川方面的宋军进行反扑，袭蒙军后背，乃分军一部南攻四川，击破四川北部城寨一百四十余个，宋军突遭蒙古打击，纷纷远遁，蒙军这才在兴元、洋州间会合，经绕凤岭，出其不意攻取宋之金、房二州，直趋均州。

均州之北，便是金国地界，邓州、唐州在均州东北方。拖雷以迅雷不及掩耳的攻势，一举突破南宋地界，下一步，就要根据既定作战方略经邓、唐直趋汴京。金左右宰相完颜合达、移刺蒲阿闻讯大惊，赶忙从潼关抽调大军南下至邓州防守，各地亦派军赴援，诸军会合于顺阳城。

拖雷在今湖北老河口市一带麾军急渡汉水，因船少，整整渡了四天，全军方抵达北岸。合达、蒲阿也引兵来战，蒙军稍退，突然不见了踪影。一连四天，金军未侦得蒙军去向，合达、蒲阿认为，蒙军此时肯定已南渡汉水而归了。

不久，金哨兵来报，道是蒙军隐藏到光化对岸的枣林之中。合达、蒲阿遂率军至枣林的后方，想乘蒙古军不备而袭之。谁料，拖雷早已侦知金军企图，反而忽至金军阵前而击之，金军迎战间，拖雷却遣百余骑截获了金兵的辎重，合达、薄阿见战事不利，忙引军退入邓州城。

合达、蒲阿既入城，适至蒙古太宗四年正月初一，拖雷不愿顿兵于坚城之下，乃令部将札刺儿率三千骑殿后，自己则率军绕过邓州继续北上，将金二相之十几万大军置于身后而不顾。

由于金军精锐皆在前线，后方空虚，故拖雷避开邓州之敌后，顿时如入无人之境，一路势如破竹，攻破金之泌阳、南阳、方城、襄城等地，径逼汴京。合达、蒲阿担心蒙军乘虚袭破汴京，匆匆率军出邓州城追击蒙军，与蒙军殿后部队激战，蒙将札刺儿大败，金军遂追击蒙军至钧州。

是时，风雪大作，人马僵立，两军对峙于三峰山，金军有的已三日没有进餐，饥寒交迫，皆无斗志。窝阔台乘金潼关守军调走之机，已袭取河中府，立即派大将口温不花等率万骑驰援拖雷，拖雷乃麾军将金军包围，故意留通往钧州之路，而伏军于前。金军早已不堪饥寒之苦，乃向钧州突围，蒙古伏兵突起，后军复至，金兵大乱，大部被歼。合达仅率百余骑突围逃往钧州，蒲阿则逃往汴京。

窝阔台此时亦麾军来与拖雷会合，两军同攻钧州，克之，擒杀完颜合达。窝阔台至拖雷军营，慰劳之道："微汝不能致此捷也！"意思是：除了你，谁都不能获此大捷。拖雷十分谦虚，说："臣何功之有？此天之威、皇帝之福也！"

拖雷迂道袭金，尽管未能直捣汴京，但已打乱了金廷的防御部署，使防守潼关之金军仓猝赴援，疲于奔命，窝阔台则乘机南下，潼关金之守军投降，合达、蒲阿之军也被拖雷歼灭，金之汴京门户大开，金廷再也没有力量抵抗蒙军了。

移剌蒲阿逃亡汴京途中，被蒙古骑兵追及，不屈而死。蒙古大军进围汴京，金主完颜守绪与蒙古议和不成，只好弃汴京逃至归德又弃归德迁于蔡州。

蒙古窝阔台汗六年，宋理宗端平元年，金天兴三年，蒙古联合南宋围攻蔡州，城破前，金哀宗传位于完颜承麟，然后自杀。完颜承麟与守城金兵全部战死，金遂亡。

蒙古迂道灭金之战，乃中外战史上罕见的大迂回战略行动，其气魄之大，令人叹为观止。

在此役中，金朝虽亡，犹不失悲壮。而宋朝君臣却扮演了一个可笑的小丑角色。蒙军借宋地伐金，宋既不敢拒绝，又无力阻挡，竟使蒙军如愿以偿，由此而使蒙古生轻宋之心。最可笑的是，在金将亡之际，宋廷认识不到"唇亡齿寒"这个浅显的道理，仅以与金国为"世仇"，竟出兵助蒙灭金，此举过于愚蠢。金亡后，南宋之亡，亦不旋踵矣！

（《元史·睿宗传》等）

阿合马兴办冶铸

中国的采矿、冶炼、铸造的技术起源很早。新石器晚期的先民，通过采石和烧制陶器而逐渐发现了某些金属，最早是从铜开始的。中国大约在公元二千年前就已进入了青铜器时代。商末周初，青铜冶铸达到了一个高峰。春秋时期，出现了冶铁业，秦汉时期，我国掌握了金、银、铜、铁、锡、铅和汞等七种金属的冶炼技术。

元朝蒙古统治者，也向汉族人民学会了采矿、冶炼和铸造技术，并且将采矿和冶炼业推向了一个新的高度。在这方面作出了一定贡献的，就是元世祖时代主管财赋的宰相阿合马。

阿合马是元朝的大奸臣，他"在（相）位日久，益肆贪横，援引奸党"，与这些奸党狼狈为奸，互相勾结，欺上瞒下，强占民田，贿赂公行，残害忠良，苛薄百姓，甚至活剥人皮……总而言之，是个十恶不赦的大坏蛋。后来，被一个专门行骗的妖僧高和尚勾结一个痛恨阿合马的叫王著的人，让人假扮太子，约见阿合马，用大铜锤砸碎了他的脑袋。当世祖刚听说有人刺杀了阿合马的时候，大为愤怒。可是当有人把阿合马的罪状告诉了世祖以后，世祖反而认为王著做得对了。以后，世祖还下令在他死后开棺戮尸，放狗吃他尸体上的肉，没收了他的家产，杀了他的子侄，百姓称快。

尽管阿合马奸诈，但他还是为国为民为子孙后代作了一些好事的。尤其是在他为官的前期，在发展采矿业和冶炼业上，确实作出一些贡献。

忽必烈中统三年（1260），他被任为中书左右部兼诸路都转运使，委以管理国家财赋之重任。第二年他就要求发给他所属的官员"宣牌"（一种表明身分的铜牌），让他们到有铁矿的地方去发展冶铁事业。

中统元年，忽必烈定都开平（在今内蒙古正蓝旗），至元四年（1267）又把开平升为上都，并任命阿合马为同知开平府事仍兼领左右部。他上书要求派礼部尚书马月合带领三千户在开平附近冶铁，每年产铁一百零三万多斤。他又把这些铁铸成二十余万件农具。秋收后，他又把这些农具换成钱，再用这些钱买成米，交给官府，以备军用。仅此一项，他每年可向朝廷上交四万石粮食。

　　他还注意发展盐业。当时，官卖的盐价钱高，有些百姓就自己煮盐卖，称为小盐。因为小盐比官卖的便宜，国家专卖的盐就卖不出去了，几年来几个地方的盐税收入只有七千五百两。阿合马想了个办法：每年每人多交些税金，全国是五千两，然后取消官卖盐，听任百姓随意买卖。这个办法表面上是加重了一些百姓的负担，但却减少了百姓买盐的麻烦，对盐业的发展有一定的好处。

　　那时有一座山，叫别却赤山，不知现在在什么地方。这个山上产一种矿物叫"石绒"，现在我们把它叫作石棉。用这种绒织出来的布不怕火烧。阿合马便派官员去组织开采。这说明在元代我国不但发现了石棉矿及其特殊的性能，而且能够采掘和利用这种矿藏。

　　至元三年，他还向忽必烈报告，在开平（上都）西不远的桓州山中的银矿，已经采得矿石十六万斤。每百斤矿石可炼得银三两和锡二十五斤，采矿的费用可以用卖锡的钱来解决。这说明那时不但能够生产银和锡，也说明那时的人们也掌握了对共生矿的开采和利用。

　　阿合马变坏以后，还曾建议把民间的铁器都搜上来，然后铸成农具高价卖给农民，世祖没有答应。

　　阿合马在发展采矿和冶铸方面的贡献，不只是反映了他个人的功绩，更主要地是表明了当时我国采矿和冶炼事业的发展

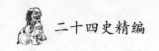

情况和达到的水平。

（《元史·阿合马传》、《元史·食货志》等）

为僧不善　自取祸患

汉代佛教传入中国以来，历朝历代的统治者，大多把佛教作为帮助自己统治中国的工具，鼓励发展佛教。更有甚者皇帝自己也要出家为僧，其中不乏有装模作样的，也确有十分虔诚而不惜误国的。有的朝代经济困难的时候，还把佛教作为发展经济的手段，以"度僧"的形式收取费用，甚至把它作为正式的财政收入纳入预算。

为了发展佛教，各代都大量地修建佛寺，大量地赏赐给寺院土地。僧尼们在寺庙中不事生产，给社会造成沉重负担。这些土地本来应该是作为维持寺庙的佛事活动的费用的，但是一些贪婪的僧人，也把它用作为个人谋取好处的手段。更有一些不法之徒乘机掠夺民田。

元朝仁宗延祐年间（1314—1320），有一个叫白云宗的佛教教派，教派的总摄叫沈明仁。"总摄"就是庙里的主持。他强夺民田两万顷，还诱骗了十多万名百姓到他管辖的分布在各地的庙宇里当和尚。即，这两万和尚实际上成了他的奴隶，而那两万顷良田却为之占为己有。

他还贿赂皇帝身边的宦官和官僚，让他们帮助他取得了爵

位和官职。

延祐六年（1319），白云宗总摄沈尚仁的问题败露，中书省向仁宗禀报了这个案件。仁宗下令褫夺他的爵位和官职，被骗的僧徒送回家，各务本业，强夺的民田也要反还原主，并进一步追查他的其他违法问题。仁宗还表示：朕已经知道沈明仁的罪行，一定要认真查办。

第二年，果然治了沈明仁的罪，还把那些已经入僧籍的被骗百姓退回为民。

（《元史·仁宗本纪》等）

张文谦爱民致财

蒙古族统治者统治中原以后，实行了落后的不平等的民族政策，它把全国境内的各个民族分为四等；蒙古人是第一等，是居于统治地位的民族。色目人是第二等。"目"在这里有品类、类别的意思，"色目"就是各种类型，指的是汉族以外的各少数民族。汉人是第三等。但这里"汉人"只是指北方和四川的汉人。南人是第四等。"南人"指的是南宋的遗民。蒙古人以外的等级顺序，就是被蒙古人征服的先后顺序。

这种民族压迫的政策，在官制上体现非常明显，朝廷的重要官员都由"北人"就是蒙古人和色目人为之，汉人和南人在朝中做官的为数极少，绝大部分汉人和南人只能做些小官。

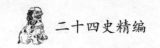

　　但有一位元朝的汉官，也曾使忽必烈认识到汉人的智慧和才能。他就是张文谦。张文谦是邢州沙河（在今河北省邢台市南）的人。有人向忽必烈推荐他。忽必烈同他谈过话后，对他的才能很满意，让他掌王府书记。"王府"就是忽必烈的官府，因为那时他还没有称汗，还只是一位亲王。忽必烈对张文谦越来越信任。

　　当时，蒙古人刚刚灭亡了金国，正在准备向南宋王朝发起进攻。而邢州（在今河北省邢台市附近）正位于南下的要害之处。忽必烈把这里的两千户汉人分给勋臣作为食邑。这些勋臣只知搜刮食邑农户，而不管他们死活。有的人无奈，只好告到忽必烈的王府。忽必烈问张文谦等人如何处理才好。

　　张文谦说，百姓的生活十分困苦，邢州的百姓尤其困苦的。可以派人到那里去治理一下，治理好了，作为其他地方的楷模，学习他们的经验。这就等于各地都受到大王的恩赐。

　　忽必烈很赞同，果然选派了三位官吏到邢州去。他们在那里废除那些危害百姓的旧习，惩治贪污和欺压百姓的官吏。那些已经逃亡在外的人，听说家乡发生了这样大的变化，纷纷回到家乡。不到一个月，这里的户口就增加了十倍。

　　因此，忽必烈看出了汉族官吏的重要性。张文谦是第一个被忽必烈授以官职的汉族知识分子。

　　张文谦跟随忽必烈讨大理国（都城在今云南省大理市）。

大理国主高祥杀了蒙古人派去的信使，拒绝投降。忽必烈要屠城，就是要杀掉全城百姓，张文谦劝他说："杀使拒降的是高祥，而不是大理的百姓，请大王原谅了他们吧。"这样，大理的百姓才免于被屠杀的厄运。

中统元年（1260）忽必烈争得汗位，张文谦被任为左丞。元代与中国其他朝代不同的是，它以右为贵，所以他的地位要比右丞略低一些。右丞和左丞是右、左丞相的助手，是正二品，在汉人当中，他的地位是相当高的。他帮助忽必烈树立纲纪，讲解利害，以安国便民为务。

平章政事王文统要求加税以增加国家的收入。张文谦说：百姓很长时间以来就生活在困苦之中，加之天大旱，如果我们不减少税赋，如何能够满足百姓对陛下的期望？

王文统说，陛下刚刚即位，国家的经费只能依靠赋税，如果减少赋税，怎能满足陛下的需要？

张文谦说，百姓富则君富，等到年景好些的时候，百姓丰足了，再从百姓中索取也不晚嘛。忽必烈同意张文谦的意见，减常税十分之四，酒税十分之一。

他还参加了郭守敬修复唐来渠和汉延渠的工作，灌田十多万顷。至元七年（1270），张文谦被拜为大司农，根据他的建议设立了劝农司，到各地巡行，鼓励百姓发展农业生产。他还根据中国历代封建王朝的贯例，建议设立籍田。这是特为皇帝

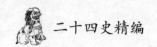

设立的庄田，供皇帝亲自耕种。虽然皇帝"亲耕"只是形式，多数皇帝连形式也不要，他毕竟表示了皇帝的重视。他还建议在祭祀活动中，增加祭祀先农和先蚕的活动，用以表示皇帝对发展农业生产的重视和诚意。

丞相阿合马要求把民间的铁器都收上来，由官家铸成农具高价卖给农民，还有其他几项危害百姓的建议，都在张文谦的极力反对之下作罢。

他还是个学问家，对多种方术和数学都有研究。他家藏书几万卷。他还善于识别人才和推荐人才，郭守敬就是他推荐给忽必烈的。因此，他的声望很高。

（《元史·张文谦传》等）

一代贤后察必

元世祖忽必烈的正后察必，蒙古族人，姓弘吉剌氏，是济宁忠武王按陈的女儿。忽必烈还没有统一中国、建立元朝时，察必就被立为皇后，时在忽必烈蒙古时期的中统初年（1260）。到元朝至元十年（1273），忽必烈又给她上尊号，称"贞懿昭圣顺天睿文光应皇后"。据史载，察必是一个非常贤明有识的皇后。

忽必烈有不少后妃，按照蒙古的旧制，后妃们分属于四个斡耳朵（意即后宫），其中执掌大斡耳朵的，就是皇后察必。

她容貌美丽，极受宠爱，却从不骄恣专横，却是忽必烈事业上的极好帮手。蒙哥汗九年（1259），蒙哥战死。忽必烈此时正在鄂州（今湖北武昌）作战，察必则留守于开平扎忽都（后来称作上都，即今内蒙古多伦北之石别苏木）。当时，幼弟阿里木哥图谋不轨想夺取大汗之位，他派遣亲信阿兰答儿到漠南征发军队。而蒙古贵族脱里赤也听命于阿里木哥，帮助他在燕京（今北京市）征集军队，蠢蠢欲动。当时的形势十分危急，察必得到这些消息后，内心极为不安，表面上却丝毫不露声色。她一面派遣使者急告忽必烈，用暗语告诉他当时形势，要忽必烈当即北还；一面遣使者前去责问阿兰答儿，说："发兵是大事，成吉思汗曾孙真金在此，你为什么不让他知道此事？"她这样做，实际上是想尽量拖延阿里木哥抢班夺权的时间。忽必烈接到察必的来信，急忙与宋朝签订和约，日夜兼程抵达燕京，假传蒙哥的所谓临终遗言，将脱里赤已经征募的军队全部遣散。他一面继续北返，一面急召自己率领的军队北撤。经过半年多的争斗，终于以忽必烈的完全胜利而告终，忽必烈在开平正式即帝位。这场政治斗争中，察必起到了十分关键的作用。

察必在忽必烈即帝位之事上固然功劳巨大，在平时的政事中，也有不可抹杀的匡扶作用的。至元元年（1264），忽必烈定都北京，察必也随之迁来北京。有一次，有个官员上奏章，提出割京城以外靠近都城的地方用作牧马。忽必烈竟同意了这

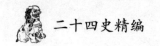

个荒唐建议，那位官员画好了图进献皇帝。察必便来到忽必烈面前，假装责备太保刘秉忠，说道："你是汉人中的聪明者，你说的话皇帝都很愿意听，为什么你不进谏？如果是刚到这里定都的时候，将京郊之地划出来牧马，那还有可能。到了现在，京郊之地已各有归属，分派已定，难道能再将这些地全部夺回来吗？"忽必烈闻言，默然无语，此事也就作罢了。

忽必烈不愧为一代开国君主，确有他的过人之处。有一次，察必到太府监领了一匹绢帛和一匹做里子的布料，想做衣服。忽必烈丝毫也不肯马虎，对察必说道："这是国家和军队所用的东西，不是私人的财物，你怎么随随便便就去支用呢？"察必也十分贤惠，立刻就接受了丈夫的批评。从那时开始，她就率领宫人亲自做女工，利用废旧的麻、布之类，做成衣服穿。见到废弃无用的皮革之类，又亲自带领宫人缝制成地毯，废物利用。她长期保持这样的勤俭作风，使得宫中几乎没有丢弃的废物。蒙古军帽本来没有帽檐，这就带来了一个很大的缺陷，在昂首射箭时，阳光刺目，影响骑射。察必运其巧思，在帽子上加了个帽檐，十分便利于骑射。她又创制了一种前短后长，便于骑马射箭的马甲，使兵士们觉得十分便利，一时成为军服的样式。从这些事上，可以看出她的聪明过人。

正因察必平时在宫中以身作则，厉行节约，生活十分俭朴，为众妃等树立了榜样，所以一时忽必烈的宫中形成了一种俭朴

省约的风气。元史对察必皇后的评价甚高，称赞她"性明敏"，在政治上，她"达于事机，国家初政，左右匡正，当时与有力焉"；而在平时生活中，则称赞她"垂慈范千万世，唯全美圣而益圣。"贵为皇后，能够亲率宫人从事劳作，这种精神确实是相当了不起的。

（《元史·后妃传》）

杨氏口授虞集心学

元代著名学者、文学家虞集，字伯生，号道园，人称邵庵先生。祖籍蜀郡仁寿（今属四川），后来迁居临安崇仁（今属江西）。他是宋代丞相虞允文的五世孙，元成宗大德初年（1297），入京为大都路儒学教授、国学助教。元仁宗时，为集贤修撰，升为翰林直学士兼国子祭酒。元文宗时，任奎章阁侍读学士，与中书平章赵世延等编纂《经世大典》，有八百帙之篇幅。晚年以病辞归。

虞集很有文名，能诗善文，与杨载、范梈、揭傒斯并称"四大家"，著有《道园学古录》五十卷和《道园类稿》等。

虞集之所以能够成为元代著名学者、文学家，与他母亲杨氏为他亲授书籍是分不开的。虞集自幼聪明过人，三岁就知道读书。遗憾的是，当时正处在宋元交替、兵荒马乱之际，全家老少为避战乱，逃到福建、广东一带。当时正处战争时期，仓促逃难中，哪里顾得上带什么书籍！所以一旦安居下来，虞集家中竟无书可读。亏得虞集的母亲杨氏曾经熟读古书，知书识礼，便凭着自己平时读书的记忆，每天给儿子口授《左传》、《论语》、《孟子》以及宋代著名文学大家欧阳修、苏轼等的名文，教虞集认真读。虞集聪明刻苦，母亲的口授，几乎就能够背诵。凭着过人的天赋，在战乱中，虞集就这样读了不少的口授之书。等到战事稍平，他们回到长沙，虞集正式跟从老师学习时，才能够得到刊刻的书来读。而这时候，虞集差不多已将古代的诸经读了个遍，并且已经通其大义了。虞集母亲杨氏的父亲精通春秋之学，而其族弟杨栋又明于性理之学，杨氏还未出嫁时，就已经深受其父亲和族弟的影响，精通春秋和性理之学，所以，教起儿子虞集及虞集的弟弟虞槃来，自然也就得心应手。因此，虞集及其弟弟均在家中受启蒙教育，达到很深程度。出外又跟从其父虞汲的好友、著名学者吴澄学习，渊源有自，打下了良好的学问底子，这是虞集后来成为著名学者、文学家的坚实基础。

虞集终生写了足有一万篇文章，是中国文学史上一位多产的作家。他所作的诗词、散文，有不少是脍炙人口的名篇。

虞母杨氏以口授的方式教虞集读古代典籍，在中国教育史上显得很特殊，留下了一个可贵的教育实例。由此也证明，不论采用什么样的教育方式，只要做教育的有心人，坚持锲而不

舍，总是能取得成效的。

（《元史·虞集传》）

魏敬益还田教子

魏敬益并非是历史上的著名人物，他的生平事迹，史书也记载甚少，只有《元史》将他收入《孝友传》，传中简略记载道："魏敬益，字士友，雄州容城（今属河北省）人。性至孝，居母丧，哀毁骨立……"但是，《孝友传》中却详细记载了他教育子女的一则事迹。他之所以能在史籍中留名，主要也就是因为这一则故事：

魏敬益不仅对母亲很孝顺，而且十分注意教育自己的儿子。他生性乐善好施，肯帮助别人。如果乡里如有男子、女子到了年龄不能娶妻嫁夫，他总是热心出资，一力赞助他们的嫁娶；逢到灾荒之年，他便时常施食救济老弱病残，以自己的善良之心救贫苦人于急难之中。

魏敬益家境并非十分富裕之人，他的家中一共只有十六顷田。但就是这十六顷田，他也常为此感到不安。一天，他特地将儿子叫来，对他说："自从我们家买下村上的十顷田地后，环村的乡亲们都难以生活自给了。我深深地同情他们，想把我们买下的这十顷田都还给他们。你守着其余剩下的田地，也完全够生活的了。"于是，他将周围的乡亲叫来，告诉他们说：

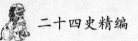
"我买了你们的田产，使你们贫穷得不能生活，有父母亲也不能够赡养，我实在是太不仁义了！现在我就将这些田地都还给你们！"魏敬益的乡亲们听了，都深感意外，不敢接受。魏敬益坚持一定要退还，才都接受了。魏敬益怕乡亲们不放心，又特意将此事告诉官府，以表明自己是真心退还田地。

官府对他的这种做法十分赞赏，特意加以褒扬。当时朝廷的宰相听说此事，也十分感动，赞叹道："世上竟然有品格如此高尚的人！"

（《元史·孝友传》）